DON BOSCO
VERLAG

Für Andrea, Franzi, Lukas,
Nikolaus, Resi und Rudi

Marielle Seitz

Schreib es in den Sand

Spielerisches Zeichnen zur Förderung von Konzentration, Feinmotorik und Bewegungskoordination

Don Bosco

Die Deutsche Bibliothek – CIP–Einheitsaufnahme

Seitz, Marielle :
Schreib es in den Sand : spielerisches Zeichnen zur Förderung
von Konzentration. Feinmotorik und Bewegungskoordination /
Marielle Seitz. – 3. Aufl. – München : Don Bosco, 1999
ISBN 3-7698-0895-9

3. Auflage 1999 / ISBN 3-7698-0895-9

Umschlag: Felix Weinold, unter Verwendung eines Fotos von Christa Pilger-Feiler
Fotos: Christa Pilger-Feiler, Rudolf Seitz, Marielle Seitz
Zeichnungen: Rudolf Seitz
Gesamtherstellung: Don Bosco Grafischer Betrieb, Ensdorf

Gedruckt auf chlorfrei gebleichtem, umweltfreundlichem Papier.

Inhalt

Vorwort

Sand.
Ist das nicht ein Zauberwort?
Es dürfte niemanden geben, bei dem es nicht sofort viele Erinnerungen hervorruft und Erfahrungen lebendig macht.
Für mich war Sand immer von großer Bedeutung. Als Kind, in der Jugendzeit, und – ich kann und will es nicht leugnen – auch heute noch liebe ich den Sand.
Als mein sehr viel jüngeres Schwesterchen auf die Welt kam, war ich richtig froh, daß ich wieder mit ihr im Sandkasten spielen durfte, obwohl ich für so etwas eigentlich „zu alt" war. Ich spüre den Sand so gerne in meiner Hand (ist das Zufall, daß sich die Worte reimen?), lasse ihn durch die Finger rieseln, zeichne mit den Fingern Figuren in die Oberfläche und fühle mich einfach wohl.
Kommt das daher, daß der Sand einerseits in seiner Weitläufigkeit am Ufer einen das Unendliche, die Zeitlosigkeit, fast die Ewigkeit spüren läßt und im Rieseln genau das Gegenteil: das Vergehen, Verschwinden, Verrinnen der Zeit?
Schon früh liebte ich die Sandrieselbilder, die Sanduhr, das Pendulum, das Sand-Pendelspiel. Sie faszinieren mich immer noch. Sie beeindrucken mich! Wie passend und dabei so vieldeutig ist doch dieses Wort in Verbindung mit Sand. Dieses Kommen und Gehen von Spuren, dieses Weich- und Hartsein.
Während meiner Schulzeit stand selbstverständlich der Sandkasten im Klassenzimmer. Wie anschaulich wurde Erdkunde, wenn wir einen Flußlauf und die Berge formten, die Städte festlegten und alles mit farbigem Kreidestaub einfärbten.
Leider hat man dies aufgegeben und damit eine Möglichkeit, etwas wirklich zu be-greifen und be-ein-druckt zu sein.
Um so erfreulicher, daß Marielle Seitz dieses Thema in vorliegendem Buch wieder aufgreift und in der „Sandwanne" ein nahezu unermeßliches Überlegungs- und Erfahrungsfeld geschaffen hat. Man spürt die vielen Vorüberlegungen und die langen Wege mit den Kindern zusammen. Das ist nicht graue Theorie, es sind Gedankengänge voller Spannung.
Eben weil genaue Kinderbeobachtung zugrunde liegt, sind die Ideen sehr nahe am Kind entwickelt. Sie sind hilfreich und beeindrucken in der Vielfalt der Möglichkeiten.
Durch den systematischen Aufbau der Schwierigkeiten wird aus dem Sandspiel durch die immer differenzierteren Erfahrungen auch ein Lernspiel. Die Lust bleibt, der Spaß führt das Kind weiter zu neuen Entdeckungen und Erfindungen, mehr und mehr verwirklicht sich das Kind selbst, d.h. im Wortsinne: Planung, Bewegung, Spur in

der Vorstellung und Spur im Sand werden identisch, werden Wirklichkeit.
Bildmuster in unserem innersten Sein werden „geäußert" und real sichtbar.
Die Sandwanne ist sozusagen die Projektionsfolie, der choreographische Grund, das Spielfeld mit 1000 Möglichkeiten. Man kann sie selbst bauen oder fertig beziehen. Die Firma Dusyma hat die Ideen von Marielle Seitz aufgegriffen und in eine sehr gute Form gebracht.
Dieses Buch steckt voller Anregungen für die praktische Arbeit mit Kindern in Kindergärten, Horten, Schulen, in der Ergotherapie und auch in den Familien.
Es läßt sich, das hat sich schon gezeigt, vorzüglich einsetzen bei Fortbildungen zu verschiedenen Themen, z.B. „Vorschulische Förderung", „Lernen im Spiel", „Sand als Grundelement in der kindlichen Entwicklung", „Zeichnen und Zeichensprache" u.v.m. Es gibt auch schon zahlreiche Rückmeldungen aus der Praxis.
Die Kinder sind unglaublich konzentriert. Man spürt die Freude an ihren Entdeckungen und den Stolz auf ihr Können, denn – und das ist sehr wesentlich – Fehler gibt es hier nicht. Das wird auch für viele behinderte Kinder eine Möglichkeit sein, festzustellen, daß sie eigentlich doch so viel können. Man kann hier auch ohne Worte sprechen. Dabei sind die Kinder dann ausgeglichen und entspannt. Sie verlieren das Zeitgefühl und wollen nicht aufhören. Das ist ja nicht das schlechteste Zeichen!
Aber selbst die Erwachsenen, die mit den Kindern arbeiteten, „konnten es nicht lassen". Auch sie versuchten es immer wieder mit dem Sand. Ihnen wird dieses Buch auch viel sagen können.
Ich wünsche ihm viele begeisterte Leserinnen und Leser – wie mich auch.
Jetzt geh' ich aber wieder zu „meinem Sand". Das kretische Labyrinth und die Symmetrieübungen lassen mich nicht los.
Darüber bin ich aber froh.

Inge Reiner

Fachberaterin für Einrichtung,
Spiel- und Lernmaterial
in Kindertagesstätten

1. Einführung

Um das grapho-motorische Formenzeichnen im Sand zu entdecken, bei Kindern zu beobachten und Übungen zu entwickeln, kamen mir mehrere Zufälle zu Hilfe. Erst im Zusammenhang und im Zusammenwirken motivierten mich diese Zufälle, mich intensiv mit dem Thema des Erübens von Formen im Sand zu beschäftigen.

Der Wert des Spiels im Sand gehört so zu einem Selbstverständnis der Frühpädagogik, daß wir uns viel zu wenig bewußt werden, wieviel Anregungen und Hilfe es dem Kind in seiner Entwicklung gibt.

Bei einem unserer Urlaube am Meer beobachtete ich immer wieder, daß Kinder mit Hingabe und Konzentration mit Sand spielten. Kuchenbäcker, Burgenbauer, Brückenbauer, Tunnelgräber ... gehen mit Eifer ans Werk. Das „Tun" der Hände, das „Sichtbarmachen der eigenen Ideen" ist wichtig. Es sind keine Dinge, die man mit nach Hause nehmen kann. Im Gegenteil, wenn man den Strand am nächsten Tag wieder aufsucht, muß (kann) man von neuem beginnen. Der geglättete Sand lädt zu neuen Gestaltungen ein!

Fast alle Menschen fühlen sich von dem warmen, feinen Sand angezogen. Im feuchten Zustand fest und formbar, wird der Sand in trockenem Zustand fließend, weich, rieselnd, erinnert uns dann mehr an Wasser als an Erde. Wir alle kennen das Gefühl entspannten Wohlbefindens, im warmen Sand zu sitzen. Wie magisch angezogen, spielen wir mit Händen und auch mit Füßen im Sand. Der weiche, warme, feine Sand hat etwas Wohltuendes, auch für die Seele.

Unsere Tochter liebte es, mit den Fingern oder einem Stöckchen Formen in den Sand zu ziehen, sie mit beiden Händen wieder glattzustreichen und von vorne zu beginnen. Die „Bildfläche" war anfangs noch überschaubar, einem Blatt Papier vergleichbar, wurde mit der Zeit immer größer, zog im wahrsten Sinne des Wortes Kreise und forderte sie immer mehr, mit dem ganzen Körper zu gestalten.

Aber nicht nur originelle, erzählende Zeichnungen entstanden, auch „Urformen" wie Kreise, Quadrate, Rechtecke, Dreiecke, Spiralen, Sterne ... tauchten klar, rhythmisch gegliedert und in Abwandlungen auf.

Dies sind Urlaubserlebnisse, die in der Form zu Hause nicht gespielt werden konnten ...

Einmal bekamen wir einen sogenannten Mini-Zengarten geschenkt. Das Interesse meines Mannes an Japan war die Motivation für das Geschenk, das sich ausgepackt als kleines (nicht einmal DIN-A4-Format), schwarzes Tablett, gefüllt mit sehr feinem, weichem Sand entpuppte. Dazu gehörten einige Steine und ein kleiner Holzrechen.

Sand wurde und wird von Zen-Meistern für

japanische Gärten benutzt, um philosophische Themen auszudrücken. Im Sand sehen Japaner ein Symbol für das Fließen des Lebens. Sand stellt meistens Wasser dar. Kleine und größere Wellenmuster, die hineingeharkt sind, ergeben einen schönen Rhythmus, erinnern an das Spiel von Wind und Wellen. Gerade, asketische und runde, wellen-, spiralartige Formen und traditionelle Ornamente tauchen auf. Der Eindruck von Weite, Bewegtheit, aber auch Ruhe entsteht. Diese Gartenanlagen werden von Zen-Mönchen gepflegt und sind allein zum Betrachten bestimmt. Mindestens alle 6 bis 7 Tage müssen die Formen nachgearbeitet werden.

Früher dienten diese Formen Reinigungsritualen, heute haben sie mehr ästhetische Funktion. Felsen und wenig Vegetation ergeben ein malerisches und abstrahierendes Landschaftsbild. Diese Zen-Gärten sind Orte für Meditationsübungen und haben auch diese Atmosphäre.

Gemessen an japanischen Sandgärten wirkte unser Mini-Zengarten fast lächerlich. Wir ließen ihn aber vorerst am Tisch stehen, und so wurde das „Muster" von uns oder von Besuchern immer wieder verändert.

Nun machte ich die Beobachtung, daß sich vor allem Kinder von dem kleinen „Mini-Zen-Sandgarten" wie magisch angezogen fühlten. Auch die unruhigsten Kinder wurden konzentriert und formten den Sandboden mit Fingern und dem kleinen Rechen hingebungsvoll. Dadurch motiviert, stellte ich den kleinen Sandgarten in mein Kinderatelier und erlebte das gleiche Interesse. Nachdem sich sogar einige der älteren Kinder so einen Sandkasten bauten, bezog ich die Arbeit mit Sand bewußt in meine pädagogische und therapeutische Arbeit mit ein. Jedoch baute ich eine größere Sandwanne (50 × 70 cm), im Laufe der Zeit kamen Tastformen (Sandformen auf Holzbrettern) dazu. Ich stellte fest, daß Kinder, die große Schwierigkeiten beim Schreiben der Buchstaben hatten, im weichen Sand mit den eigenen Fingern dies viel besser konnten. Übungen mit Urformen (gerade oder gebogene Linien, Kreis, Quadrat, Dreieck, Spirale, Lemniskate ...) wurden wertvolle Schritte auf dem Weg zum Erlernen der Schrift.

Die Sandwanne wurde sowohl in den Kindergruppen der Kindergarten- und Schulkinder wie auch in der Therapie mit behinderten (vor allem wahrnehmungs- und bewegungsgestörten Kindern) ein wichtiges Element. Aber auch Ergotherapeuten haben den Wert des grapho-motorischen Formenzeichnens in der Sandwanne erkannt.

Es ist bekannt, daß warme Sandbäder für kranke Menschen heilenden Charakter haben. Dies kann jeder Mediziner bestätigen. Indianische Medizinmänner wandten die Therapie der warmen Sandbäder in Verbindung mit magischen Formen an. Sie zeichneten Bilder und Symbole in den Sand. Traditionelle Zeichen, Götterbilder, Tiere und Pflanzen wurden mit farbigem Sand gestreut. Am nächsten Tag sollte bei Tagesanbruch der Wind alle Formen verweht haben. Eine meiner Studentinnen (eine junge Lehrerin aus Indien) erzählte mir, daß in ihrer Heimat jeden Morgen symbolische Figuren mit Reismehl vor die Haustüre gestreut werden. Sie „zeichnete" mir einige traditionelle Muster in die Sandwanne und begeisterte mich mit der gestalterischen Sicherheit und Schönheit der Formen. Interessant finde ich, daß in der Antike die Gelehrten ihre mathematischen Berechnungen in flachen, sandgefüllten Kästen anstellten.

Viele Anregungen über den psychologischen Wert des Sandspiels erhielt ich aus den Büchern von Ruth Ammann (Heilende Bilder der Seele) und Dora M. Kalff (Sandspiel). Zum Spiel mit den „Urformen" wurde ich durch das Interesse am „Formenzeichnen", wie es an den Waldorfschulen durchgeführt wird, motiviert. Sabine Zaha und Ingeborg Nietzel danke ich für die wertvollen Anregungen zum Formenzeichnen.

Zur Arbeit mit den von mir entwickelten Tasttafeln wurde ich durch die Sinneserziehung Maria Montessoris angeregt. Ebenfalls der Montessori-Pädagogik entnommen habe ich die Tatsache, daß Materialien mit Aufforderungscharakter den Kindern während der Freiarbeit jederzeit zur Verfügung stehen sollten. Die Sandwanne steht also bei mir im Kinderatelier und kann von den Kindern genauso benutzt werden wie Papier und Farben, Ton, Holz usw. Von Rudolf Seitz, meinem Mann, lernte ich viel über die Bildsprache der Kinder, und unsere Tochter Franziska beschenkte mich fast täglich mit vielen Formen und Bildern.

Diesen „geistigen Lehrern" bin ich zu großem Dank verpflichtet. Aber auch den Kindern, die mich mit ihrer Begeisterung und Hingabe zur Entwicklung des grapho-motorischen Formenzeichnens in der Sandwanne motiviert haben. Ein herzliches Dankeschön auch an Christa Pilger-Feiler für die hervorragenden Fotos. Dank der geduldigen Unterstützung von Elke Neumann und Theo Rosendorfer lernte ich, das Manuskript in den Computer einzugeben. Dafür reichte die „Speicherkapazität" meiner Sandwanne leider nicht aus!

Marielle Seitz

2. Warum gerade Sand?

KINDERSAND

Das Schönste für Kinder ist Sand.
Ihn gibt's immer reichlich.
Er rinnt unvergleichlich
Zärtlich durch die Hand.
Weil man seine Nase behält,
Wenn man auf ihn fällt,
Ist er so weich.
Kinderfinger fühlen,
Wenn sie in ihm wühlen,
Nichts und das Himmelreich.
Denn kein Kind lacht
Über gemahlene Macht.

(Aus: Joachim Ringelnatz, Das Gesamtwerk in sieben Bänden, © 1994 by Diogenes Verlag AG Zürich)

Beim Spielen mit Sand ist das Kind bzw. der ganze Mensch in seinem Gestalten geistig-seelisch-körperlich beteiligt. Es tritt ein Zustand ein, der sich durch große Konzentration, Hingabe, Zufriedenheit, Experimentierfreude und Gelöstheit auszeichnet. Kräfte, die im geistig-seelischen Ursprung liegen, werden aktiviert, mit den Händen körperlich ins Gestalten umgesetzt. Pestalozzi sprach von Erziehung als einem Prozeß, der Kopf, Herz und Hand betreffen soll.
Sand ist weich, rieselnd, nachgiebig und hat mit diesen Qualitäten einen ausgesprochen heilenden Charakter. Im Wechsel von geistigen Vorstellungsbildern, Arbeit mit den Händen und angenehmen sinnlichen Reizen liegt die heilende Kraft des grapho-motorischen Spiels im Sand.
In den Waldorfschulen lernen Kinder beim Formenzeichnen, die jeweilige Form mit den Händen in die Luft zu zeichnen oder die gedachte Form am Boden mit den Füßen abzuschreiten. Das sind gute Möglichkeiten, Kinder über die Sinne und die eigene Körpererfahrung mit den Formen vertraut zu machen. Formen, die mit den Händen in die Luft gezeichnet oder im Raum abgeschritten werden, bleiben jedoch weder für das Kind noch für den Erzieher materiell sichtbar – aber Kinder brauchen auch sichtbare konkrete Ergebnisse ihrer Tätigkeiten. Deshalb zeichnet der Waldorflehrer die Formen an die Tafel, und die Kinder übertragen diese, nach vorausgehenden Sinnesübungen, in ihr Heft.
Warum nehmen wir nun eigentlich Sand und nicht Ton als Gestaltungsmaterial? Aus Ton läßt sich doch jede Form modellieren, pressen, rollen, drücken. In Tonplatten kann man auch ritzen, mit den Fingern oder einem Stöckchen.
Ton – obwohl er weich und formbar ist – wird jedoch durch den Trockenprozeß fest und hart. Durch das Brennen im Keramikofen sintert der Ton und wird zu Stein.
Sand dagegen ist uraltes Gestein, das im Laufe der Zeit durch Erdenkräfte, Wind und Wetter gemahlen wurde. Der Festigungsprozeß ist überwunden. Stein ist beinahe flüssig

geworden. Sand erinnert uns durch sein weiches, flüssiges Rieseln auch mehr an Wasser als an Stein.
Wenn man mit den Händen im trockenen, feinen Sand spielt, werden Fließformen sichtbar, die wir mit Wasser assoziieren. Wenn wir vorsichtig den Sand verblasen, entstehen Bilder, die uns an Bilder der Wüste erinnern. Unendlichkeit, Stille ... Weite Sandstrände bieten Ruhe und Erholung. Spuren entstehen im Sand, die wieder verrinnen. Das Spielen im Sand wird wohltuend, ausgleichend und entspannend erlebt. Das Arbeiten mit Ton braucht körperliche Kraft: Der Ton muß geknetet, geschlagen (damit die Luft entweicht), gerollt werden. Dies alles ist wichtig für Kinder. Aber Kinder brauchen nicht nur den kräftigen und kräftigenden körperlichen Einsatz, sondern auch sensible Ausdruckstechniken.
Das wohltuende Spielen im Sand empfinden Kinder wie streicheln und gestreichelt werden. Das Gestalten mit „Urformen" ist dem Kind vertraut, gestaltet es doch von sich aus (wenn es nicht von außen zu großen Beeinflussungen unterliegt) in diesem Formenkanon, den zum Beispiel auch das Mandala aufweist. Beim grapho-motorischen Formenzeichnen im Sand wird ein vertrautes Formenrepertoire verbunden mit angenehmen Sinneserfahrungen. Dadurch entsteht ein entspanntes Sich-Konzentrieren, was das Kind sehr aufnahmefähig werden läßt. Die Konzentration drückt sich im Moment des Gestaltens aus.
Obwohl Sandbilder sehr ästhetisch sind und die Kinder in ihrem Ergebnis auch begeistern und bestärken, sind sie keine Bilder für die Ewigkeit. Durch Glattstreichen mit den Händen oder einem flachen Holzschieber entsteht wieder eine ruhige Fläche, die von neuem gestaltet werden kann. Nicht das Ergebnis ist das Ziel, der Sinn des grapho-motorischen Formenzeichnens im Sand liegt vielmehr im Prozeß. Wobei für mich immer zu beobachten war, daß sich Kinder in der Sandwanne viel leichter ausdrücken können als mit dem Stift auf dem Papier.
Formenzeichnen im Sand ist eine optimale Übung zum späteren Schreibenlernen. Die Kinder zeigen viel Sicherheit und Experimentierfreude beim Spielen in der Sandwanne. Die leere Sandwanne lädt, viel stärker als ein leeres Blatt Papier zum Gestalten ein. Der unberührte Sand regt an, frei und ohne Leistungsdruck zu gestalten.

3. Spielerische Übungen

Zuerst lasse ich die Kinder ihre Gestaltungsmöglichkeiten und eigenen Ideen ausprobieren. Erst danach gebe ich ihnen auch konkrete Hilfen und Formen, wie sie in späteren Kapiteln beschrieben werden.
Die flachen Hände oder einzelne Finger werden in den Sand gedrückt, oder der Sand wird mit den Handflächen sorgfältig geglättet. Hände können aber auch Planierraupe spielen und den Sand zusammenschieben. Die Finger bohren Löcher in den Sand oder werden wie ein Rechen benutzt und ziehen Spuren in den Sand. Sehr entspannend ist es für die Kinder, den Sand zwischen den Händen rieseln zu lassen: Psychologisch empfunden „kommt etwas in Bewegung“ beim Kind.

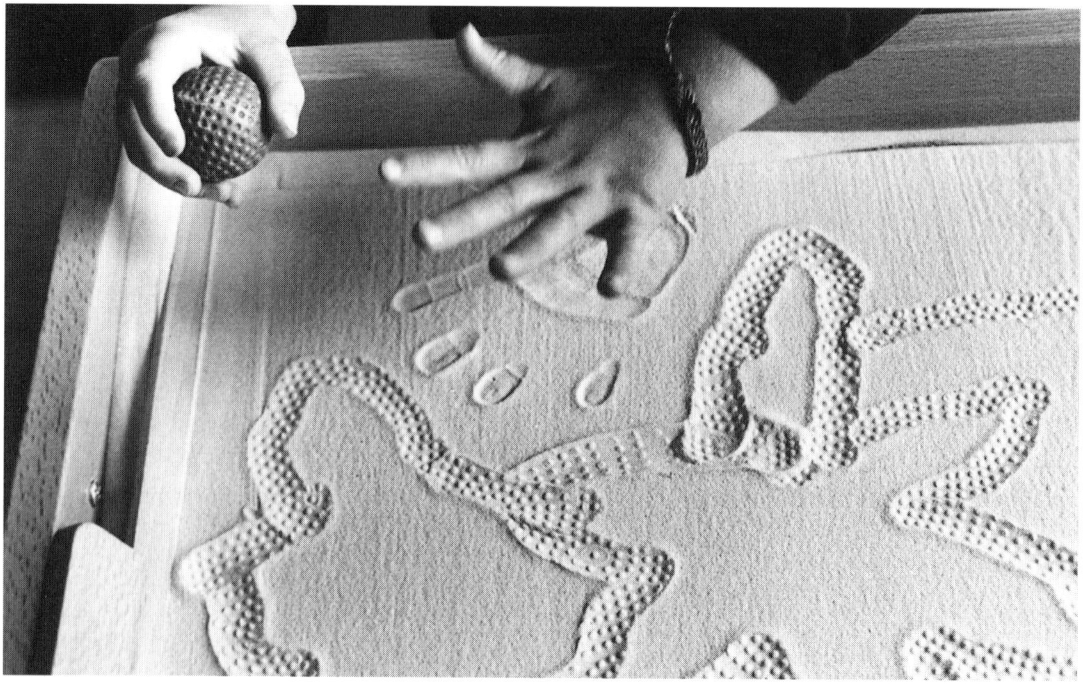

Oder Kinder bauen sich einen Trichter aus einem Blatt Papier, um mit dem rieselnden Sand „Muster" in der Sandwanne zu gestalten. Die Experimentierfreude der Kinder wird angeregt, wenn sie verschieden feine und grobe Siebe benutzen können. Siebe aus Pappe können von den Kindern auch selbst hergestellt werden: In einen Schuhkarton kann man mit einem Nagel Löcher schlagen. Schön ist es, die Löcher einmal nicht in einem zufälligen Rhythmus zu stanzen, sondern kreis-, sternförmig, als Spirale usw. anzuordnen. Wird der Karton nun mit feinem Sand gefüllt, ist die Sandfläche zuerst glatt. Der Sand fängt an, durch die vorgestanzten Löcher zu rieseln, und wie durch Zauberei erscheint in der Sandfläche das vorgestanzte Muster; im Karton und in der darunterliegenden Sandwanne entstehen interessante Formen aus Bergen und Tälern. Diese – nach dem Prinzip der Sanduhr – funktionierenden „Siebe" haben eine enorm beruhigende Wirkung.

Ein Pendel, über der Sandwanne aufgehängt, macht die Pendelbewegungen im Sand sichtbar. Mit kleinen Holzrechen und Stöcken kann man schöne Spuren im Sand hinterlassen.

Und vor allem mit den Fingern werden Spuren gezogen. Zeichnungen entstehen. Die Firma Dusyma bietet eine Sandwanne mit transparentem Boden an, wobei es für die Kinder besonders reizvoll ist, wenn verschiedenfarbige Tonpapiere auf den Boden der Sandwanne gelegt werden und die Muster und Zeichnungen im hellen Sand in leuchtenden Farben erscheinen.
Sehr attraktiv sind auch „Regenbogenpapiere" oder „Laserwellpappe". Damit kann man schöne und interessante Effekte erreichen. „Zauberspuren" entstehen im Sand durch das Unterlegen von Hologramm-Folien.
Ein sich drehender Kreisel hinterläßt in der Sandwanne immer wieder neue und interessante Bewegungsspuren.
Ein „Igelball" oder „Noppenball" in der Sandwanne angestupst rollt Bahnen in den Sand. Durch bewußtes langsames Rollen des Igelballs entstehen differenzierte Strukturen.
Die Sandwanne kann von zwei oder vier Kindern als Balancierspiel verwendet werden. Es gehört schon eine Menge Konzentration, Geschicklichkeit und Sich-aufeinander-Einstellen dazu, einen Igelball in einem bestimmten Bewegungsablauf im Sand rollen zu lassen.

Mit Hilfe des bekannten „Marienkäfer-Magnetspiels“ kann man lustige „Käferrennen“ in der Sandwanne veranstalten: Die Käfer werden mit einem Magneten unter der etwas erhöht stehenden Sandwanne geführt und arbeiten sich emsig durch den Sand. Eine Schnecke wird mit Hilfe des Magneten besonders langsam bewegt; dadurch wird der Bewegungsablauf bewußt erlebt.

4. Warum die Sandwanne und nicht der Sandkasten?

Natürlich sind viele der bisher beschriebenen Übungen auch im Sandkasten möglich. Manchen mag das auch einleuchtender sein. Bietet der Sandkasten doch viel mehr Volumen, nicht nur in der Fläche, sondern auch in der Tiefe. Das stimmt natürlich und ist auch sehr wichtig, um im Sand dreidimensional zu bauen, Tunnels, Gräben und Fallen zu graben, Brücken und Burgen zu bauen usw.

Das grapho-motorische Spielen und Formenzeichnen in der Sandwanne hat einen ganz anderen Charakter, und darin liegt auch ein anderer Sinn.

Das beginnt ganz konkret mit der begrenzten Fläche (ca. 50 × 70 cm). Die Begrenzung kann vielen Kindern Sicherheit für die eigene Gestaltung geben. Die Sandwanne ist bewußt rechteckig gebaut. Damit kann sich das Kind für ein Hoch- oder ein Querformat entscheiden. Ein Rechteck hat eine andere Wirkung auf uns als ein Quadrat oder ein Kreis. Es ist herausfordernder, dynamischer. Ein Quadrat oder Kreis drücken durch ihre vorgegebene Form Ruhe und Konzentration aus. Beim Rechteck ist das Kind angehalten, das Zentrum im Raum gestaltend zu suchen. Außerdem eignet sich das Rechteck besser als das Quadrat zum achsensymmetrischen Zeichnen, wie es im letzten Kapitel beschrieben wird.

Die Sandwanne ist ganz einfach selbst zu bauen. Am besten ist es, man läßt sich eine Hartfaserplatte in der Größe 50 × 70 cm beim Schreiner zuschneiden. Dazu vier Leisten (5 bis 7 cm breit), die auf Gehrung gesägt werden. Diese Leisten werden mit Holzleim auf die Hartfaserplatte geklebt. Nach dem Trocknen des Leims sollte man nicht vergessen, die Ränder mit einem breiten Tesakreppband zu umkleben. Auch wenn ganz präzise gesägt wurde, könnte der feine Sand sonst ein wenig durchrieseln. Durch den Tesakrepp wird die Sandwanne ganz dicht.

Eine sehr schöne, nach meinen Anregungen gebaute Sandwanne wird von der Firma Dusyma (Postfach 1260, 73206 Schorndorf) angeboten. Sie hat zwei stabile Tragegriffe und ist hochwertig in der Ausführung. Ideal ist der gehärtete, unzerbrechliche Glasboden, der den Kindern erlaubt, verschiedenfarbige Tonpapiere, Regenbogenpapiere, Glitzerfolien oder selbstgemalte Bilder als „Untergrund" zu verwenden. Dazu gibt es zwei verschieden gestaltete Holzrechen und einen Holzschieber zum Glätten des Sands.

Im Sandkasten sitzt, kniet oder hockt das Kind in der Regel. Die Sandwanne liegt auf einem Tisch, und das Kind steht davor. Das Kind hat im wahrsten Sinne des Wortes „Boden unter den Füßen", kann beim Ar-

beiten um die Sandwanne herumgehen oder von einem Punkt aus gestalten.
Außerdem hat die Sandwanne im Raum für die Kinder großen Aufforderungscharakter. Zudem steht sie immer zur Verfügung, wenn das Kind danach verlangt. Das Spielen im Sandkasten ist dagegen von Jahreszeit und Wetter abhängig.
Damit die Kinder den feinen Sand nicht im Zimmer verschütten, lege ich auf den Tisch unter die Sandwanne ein großes Tuch. Der Sand, der im Eifer des Spiels evtl. über den Rand der Wanne fällt, sammelt sich darin und kann wieder zurückgeschüttet werden.
Sehr schön ist es, für die Kinder und mit ihnen verschiedenfarbigen Sand zu sammeln. Schwarzer Sand beispielsweise läßt den farbigen Untergrund besonders leuchtend hervortreten. Man kann auch hellen Natursand sehr gut selbst einfärben, z.B. mit Batikfarben. Man verwendet am besten ein hohes Gefäß, das etwa zur Hälfte mit Sand gefüllt wird. Nun gibt man so viel Wasser dazu, daß das Gefäß fast voll ist, rührt einige Male mit einem Stock um und schüttet nach Absetzen des Sandes das trübe Wasser ab. Nun rührt man die Batikfarbe nach Anweisung an, nimmt jedoch nur die Hälfte der angegebenen Wassermenge. Die fertige Batikfarbe gibt man am besten in eine Plastikwanne und schüttet so viel nassen Sand dazu, bis die farbige Flüssigkeit bedeckt ist. Nun läßt man diesen Farb-Sand-Brei etwa eine halbe Stunde stehen, damit die Sandkörner die Farbe gut aufnehmen können, und schüttet die überschüssige Farbe mittels eines feinmaschigen Siebes ab. Den noch nassen farbigen Sand trocknet man am besten in der Sonne oder im Backofen bei kleiner Temperatur und etwas geöffneter Ofentüre. Je nach Intensität der angesetzten Farbe entstehen kräftig oder pastellig gefärbte Sandmengen, die auch untereinander gemischt werden können.

5. Einführung in die Methode des grapho-motorischen Formenzeichnens in der Sandwanne

Bisher wurden vor allem spielerisch-freie Übungen beschrieben. Es ist für Kinder aber auch interessant, wenn sie konkrete Formen im Sand gestalten.

Die „Urformen“ in der Bildsprache des Menschen sind die gerade und die gebogene Linie, Kreis, Quadrat, Rechteck, Dreieck, Kreuz, Stern, Sonne, Spirale, Lemniskate ... Die Firma Dusyma bietet Tasttafeln in diesen „Urformen“ an. Diese Tasttafeln wurden von mir aufgrund langjähriger Erfahrung im Kinderatelier und der Kenntnis der Waldorf- und Montessoripädagogik entwikkelt.

Vorheriges Abtasten mit geschlossenen Augen läßt die Kinder die Form über die empfindlichen Fingerkuppen erahnen und dann selbst in die Sandfläche zeichnen. Kleinere Kinder (bis zum ca. sechsten und siebten Lebensjahr) werden diese Formen noch nicht als geometrische Grundformen betrachten, sondern als konkrete Dinge.

Der Kreis ist z. B. die Sonne, das Dreieck das Hausdach usw. Das ältere Kindergartenkind oder jüngere Grundschulkind wird sagen: „Der Kreis ist wie die Sonne." Es grenzt die Formen noch nicht von den materiellen Dingen seiner Umwelt ab und erlebt die Form noch über die Sinne. Ab dem fünften Lebensjahr fängt das Kind an, die Formen zu vergleichen. Allmählich kann es zur „reinen Form" kommen. Vorher ist die Vorstellung von den Dingen seiner Umgebung abhängig: Der Kreis ist wie der Ball, die Sonne oder die Kugel; das Rechteck ist wie der Schrank, das Zimmer, ein Buch ... Das Kind ist dabei noch ganz von sinnlichen Eindrücken abhängig. Dadurch und durch die sicherer und feiner werdende Motorik und Erfahrung fängt das kleine Kind an, „Grundformen" zu gestalten. Diese geometrischen Grundformen empfindet das Kind jedoch noch als Wesensbilder. Die „reinen Formen" entdeckt das Kind etwas später.

Zur Formerfassung ist nicht nur der Tastsinn des Kindes nötig, sondern auch der Bewegungssinn oder auch „Eigenbewegungssinn". Damit ist gemeint, daß das Kind, wenn es Formen abtastet, eigene Körperbewegungen ausführt. Die Hände tasten z.B. die Form ab. Beim Betrachten von Formen erleben wir eine Bewegung der Augen: Wir fahren mit den Augen die Form nach. Wir bilden also mit unseren Sinnen die Form nach.

Allmählich entsteht im Kind ein „Formbewußtsein".

In der Psychologie ist das „Gesetz der Prägnanz" bekannt. Es besagt beispielsweise, daß man eine Reihe von Punkten, die mit Abständen auf einer gedachten Kreislinie liegen, als Kreis sieht. Die „innere Formbil-

dung" entwickelt sich im Kind. Darin liegt nicht nur die Fähigkeit zu geometrischem Verständnis, sondern auch die Fähigkeit, Phantasie zu entwickeln. Das Kind ruft Bilder ins Bewußtsein und gestaltet diese Erinnerungsbilder aus. Diese „formbildenden Kräfte" drücken sich konkret beim Kind im Alter von fünf bis sieben Jahren aus und werden allmählich bewußt. Nach und nach kann begonnen werden, das Kind zur Gestaltung von einfachen Formen und Formverwandlungen anzuregen. Gesetzmäßigkeiten der Formen werden von den Kindern sinnlich erfaßt, durch die konkrete Erfahrung bewußtgemacht und können nun abstrahiert werden.

Dies sind logische Schritte in der Entwicklung des Kindes zum abstrahierenden Denken und Gestalten. Jedoch sollte das Erfassen der Grundformen nicht starr und unlebendig erfolgen: Das Rund des Kreises kann im Stuhlkreis des Kindergartens erlebt werden, im Ball, in der runden Blütenform, in Sonne und Mond, in der Schale usw. Alle Formen sollten möglichst auf großen Formaten aus dem ganzen Arm heraus gestaltet werden können. Empfehlenswert ist es für Kinder, die Formen im Raum abzugehen. Bänder oder Seile können auf den Boden gelegt und mit nackten Füßen abgetastet werden. Das Gehen eines Kreises wird eine ganz andere Körpererfahrung nach sich ziehen, als das Gehen eines Quadrats oder einer Spirale, die zum Zentrum führt.

In der Sandwanne können die Kinder die Formen durch den taktilen Reiz, der auf die Fingerkuppen ausgeübt wird, durch die Motorik des Armes und der Hand und durch den Sehsinn und Eigenbewegungssinn erfahren.

6. Die rechte und die linke Seite im Kind

Seit 1836 wissen die Mediziner, daß die zwei Hälften des Gehirns unterschiedliche Funktionen haben. Dies interessierte jedoch bis vor wenigen Jahren in erster Linie die Neurologen. In der Medizin ist bekannt, daß Patienten mit Verletzungen in der rechten Hirnhälfte z.B. die Fähigkeit zum Singen verlieren. Abnormitäten oder Ausfälle einer Hirnhälfte haben also eine Veränderung in der Wahrnehmung und im Ausdrucksvermögen des Menschen zur Folge.

Erst in letzter Zeit begann man dieser Erkenntnis auch in der Pädagogik Wert beizumessen. Die Edu-Kinesiologie baut auf die Funktionen und die Lateralität der beiden Gehirnhälften auf. Heute weiß man, daß die linke Gehirnhälfte für Sprache, das logische, lineare und abstrakte Denken zuständig ist. Die rechte Gehirnhälfte dagegen ist der Sitz des Empfindens und der ganzheitlichen Wahrnehmung, die „musische Gehirnhälfte" des Menschen. Eine ungestörte, umfassende Wahrnehmung der Welt und ein entsprechender eigener Ausdruck ist nur in der Koordination der beiden Gehirnhälften möglich. Das Formenzeichnen im Sand ist ganzheitliches Tun und Wahrnehmen.

In einem Schema ausgedrückt, werden der rechten und linken Seite im Menschen folgende Merkmale zugeordnet:

Linke Körperseite:	*und rechte Gehirnhälfte:*	
Unbewußte Seite	assoziativ	subjektiv
Empfindung	indirekt	nichtrational
Innenwelt	nonverbal	weiblich
Gefühl	ganzheitlich	empfindend
Kontemplation	konkret	einfühlend
Intuition	unbewußt	
Weiblichkeit	gebend	
Emotion	intuitiv	
Ganzheitlichkeit	emotional	
Körper	in Bildern denkend	
Traum	gleichzeitig	

Rechte Körperseite:	*und linke Gehirnhälfte:*	
Bewußtsein	verbal	zupackend
Denken	analytisch	mathematisch
Außenwelt	logisch	männlich
Vernunft	bewußt	aktiv
Aktivität	objektiv	direkt
Logik	intellektuell	
Männlichkeit	abstrakt	
Intellekt	zeitlich	
Analyse	aggressiv	
Geist	linear	
Wachheit	rational	
Konzentration	aufeinanderfolgend	
Konkretheit	nehmend	

Lange bevor die Medizin die beiden Gehirnhälften und die ihr zugeordneten Funktionen und Charaktereigenschaften entdeckte, findet man die Dualität in Religion, Philosophie und Psychologie: C. G. Jung spricht von dem Animus und der Anima im Menschen. In den östlichen Philosophien gibt es das Yin und das Yang.

Das Kind lernt im Laufe seiner ersten Lebensjahre die beiden Gehirnhälften und die dazugehörigen Organe und Körperfunktionen auszubilden und sich mit ihrer Hilfe auszudrücken. Es hat also grundsätzlich zwei Wahrnehmungskanäle: einen intellektuell-linearen und einen emotional-ganzheitlichen. Körperempfinden und Verstandeskräfte sind gefordert und werden angeregt. Beide Seiten leben im Kind und entwickeln sich; beide Seiten sollten angeregt werden und zum Ausdruck kommen können.

Wir wissen alle aus Erfahrung, daß unsere westliche Kultur die männliche, aktive („rechte“) Seite überbetont und die weibliche, unbewußte („linke“) unterbewertet: „*recht* haben“ (etwas Positives) – „*link*isch sein“ (etwas Negatives). Schon früh werden kleine Kinder angeregt, „etwas zu tun“ und weniger dazu angehalten, „einfach zu sein“. Dies birgt die Gefahr, daß eine wesentliche Seite unseres Wesens unterdrückt, abgespaltet, vernachlässigt wird. Kinder müssen lernen, beide Wahrnehmungskanäle voll zu integrieren und sich in beiderlei Hinsicht zu entwickeln.

Kinder geben uns viele Hinweise, wie sehr sie das Bedürfnis haben, beide Seiten zu leben, auszubalancieren. Wir erleben dies z.B. in den Bewegungsmustern und -prozessen oder auch in den Zeichnungen der Kinder. So üben kleine Kinder begeistert das Halten der Balance, des Gleichgewichts, sie schwingen um einen Mittelpunkt, hängen sich an die Schaukel mit dem Kopf nach unten, um die Welt „auf den Kopf gestellt" zu erleben. Jeder Randstein, jeder umgelegte Baumstamm, jedes Mäuerchen wird erprobt, um Balance zu üben. Die Kinder schaukeln nicht nur auf Schaukeln, sondern auch auf Stühlen, hüpfen auf Matratzen und halten das Gleichgewicht beim Roller- und Radfahren, beim Üben mit dem Pedalo. Abwechselnd wird von einem Bein auf das andere gehüpft. Später (etwa ab dem Schulalter) werden komplizierte Überkreuzungen trainiert beim Gummitwist, Seilspringen, Kästchenhüpfen, Hexenspiel.

Beim Zeichnen treten nach Abschluß der Kritzelstufe Urformen auf. Das Blatt wird aufgeteilt mit Geraden – von einem Blattrand zum anderen gezogen oder im „Urkreuz" sich überschneidend. Oben und Unten des Blattes werden eingeteilt. Das Kind entwirft, erkennt, benennt und benutzt „oben", „unten", „rechts", „links", „vorne", „hinten".

All dies geschieht nicht nur im äußerlich sichtbaren Bewegungsapparat und auf dem Zeichenblatt, sondern korreliert mit den Kräften und Funktionen des Gehirns.

Im Unterricht der Waldorfschulen üben die Grundschüler jeden Morgen im rhythmischen Teil des Hauptunterrichts zusammen mit der Lehrkraft.

„Rechte Hand und linke Hand –,
das sind zwei,
rechte Hand und linke Hand
schaffen froh und frei.
Rechte Hand und linke Hand
soll'n sich fleißig regen!
Eine kommt der andern Hand
helfend stets entgegen."

Der gesprochene Text wird dabei von den entsprechenden Bewegungen der Hände begleitet. Entsprechendes kann mit den Füßen ausgeführt werden:

„Rechter Fuß und linker Fuß,
das sind zwei,
rechter Fuß und linker Fuß
stapfen froh und frei.
Rechter Fuß und linker Fuß,
tragt mich allerwegen
fest im Tritt und Schritt für Schritt
gutem Ziel entgegen."

„Wenn die meisten Kinder auf diese Weise gelernt haben, rechts und links sicher zu unterscheiden, folgen weitere Übungen. Der Unterrichtende fordert die Kinder auf: ‚Legt die rechte Hand auf die linke Schulter; die rechte Hand aufs rechte Ohr; die linke Hand aufs linke Ohr; die linke Hand aufs rechte

Knie; die linke Hand von rückwärts auf den rechten Ellenbogen' usw.
Der Lehrer macht die Übungen (spiegelbildlich) so lange mit, bis die Kinder sich ein wenig eingewöhnt haben." (Erika Dühnfort/ Ernst Michael Kranich, Der Anfangsunterricht im Schreiben und Lesen, Verlag Freies Geistesleben, Stuttgart 1991).
Wenn das Kind nun vor der unberührten Sandwanne steht, hat es grundsätzlich viele Möglichkeiten. Es kann mit beiden Händen gleichzeitig arbeiten, beide Hände abwechselnd oder nur die rechte und die linke Hand benutzen. Die Sandwanne ist durch ihre Ausmaße geeignet, die Kinder nicht nur feinmotorisch anzusprechen, sondern das Kind erlebt eine Fortsetzung der Bewegung über die Bewegungen des ganzen Armes in den Oberkörper und subtil bis in die Zehenspitzen hinein. Aber nicht nur hier ist die Wirkung der Sandwanne ganzheitlich. Die Augen verfolgen die Zeichenspuren der Finger im Sand, der taktile Reiz auf die Fingerkuppen wird an das Gehirn weitergegeben. Kinder fühlen sich beim Spiel mit dem feinen Sand wohl.

Nicht nur der „rechte und der linke Mensch" wird angesprochen, sondern der „ganze Mensch mit Kopf, Herz und Hand".

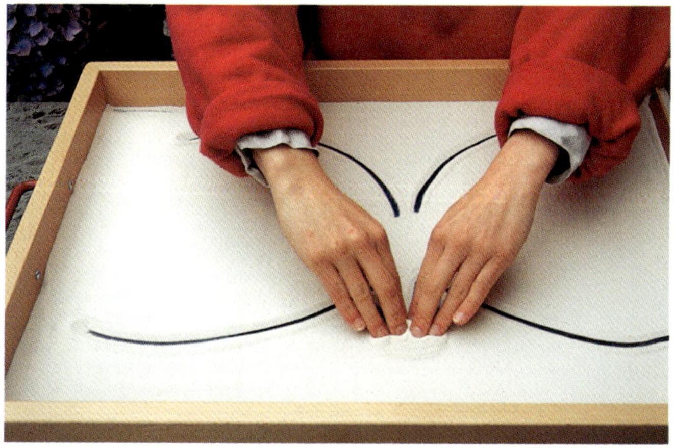

7. Die Formenwelt in der Bildsprache der Kinder
Rudolf Seitz

Es ist ein eindrucksvolles Erlebnis – für die Kinder und die zuschauenden Erwachsenen: Ein Kind entdeckt, daß ein Gegenstand, den es in der Hand hält und auf einem Untergrund reibt, eine Spur hinterläßt. Es kann ein Stück Kreide, ein weicher Stein, ein Stift, ein Nagel auf der Wand, auf der Straße, an einem Pfeiler neben der Gartentüre, auf Papier sein, oder eben auch der Finger oder ein Stöckchen auf Sand – in jedem Fall ist es mit einem überschwenglichen Lustgefühl verbunden. Die Kinder stutzen, staunen, jubilieren auf, springen im Kreis herum und probieren es noch einmal. Kein Zweifel, es ist eine Spur entstanden. Für viele Kinder ist diese Spur ein konkretes Objekt. Ich habe Kinder beobachtet, die sofort mit den Fingern nach diesen Spuren griffen und sie in den Mund stecken wollten – wie Spaghetti.

Die ersten Bewegungsspuren entsprechen meist grobmotorischen Gesetzen. Die Schulter ist das Zentrum von Drehbewegungen, die dann aussehen, wie ein Wollknäuel. Man spricht auch gerne vom Urknäuel. Später ist der Ellenbogen der Mittelpunkt der „Drehung". Es entstehen Zick-Zack-Spuren. Erst allmählich rutscht die Steuerung der Bewegungsspuren in das Handgelenk und in die Finger. Nun sind wesentlich differenziertere Kritzeleien möglich. Die Bewegungen sind aber noch verhältnismäßig zufällig.

Der entscheidende Anfang der Entwicklung einer eigenen Formensprache ist der Versuch des Kindes, mit seinem Stift an den Ausgangspunkt seiner Bewegungsspur zurückzukehren und die Form zu schließen. Dies ist ein Vorgang mit allerhöchster Konzentration. Es ist die mehr oder weniger verbeulte Form eines Kreises entstanden, der „Urkreis". Das Kind hat jetzt eine Form für „Inhalt", „da ist etwas drin". Ebenso konsequent bündeln sich allmählich die Kritzeleien während des Zick-Zack-Kritzelns. Es finden sich Verdichtungen, Häufungen, Wiederholungen, bis die Linien sich kreuzen. Zwei oder mehrere Linien durchdringen sich in Kreuzform: Das „Urkreuz" ist entstanden. Der rechte Winkel ist die größtmögliche Richtungsunterscheidung. Die Linien führen voneinander weg. Das Kind hat ein Formzeichen für Trennung entwickelt.

Mit diesen beiden Zeichen, Kreuz und Kreis, kann das Kind bei entsprechendem Zusammensetzen schon bald seine Geschichten erzählen. Das Kind zeichnet ja nicht, was es sieht, sondern, was es weiß und empfindet. Deshalb ist es auch unsinnig, vom Kind eine „naturnahe" Zeichnung zu erwarten. Mit zunehmendem Bewußtsein differenziert und verfeinert sich die Vorstellung und verlangt nach einem ausführlicheren Formenkanon.

Diese Entwicklung kann bei jedem Kind beobachtet werden. Die Formenwelt ist vom Verstand, vom Intellekt abhängig und in diesem Sinne auch realistisch. Man spricht deshalb auch vom „Intellektuellen Realismus" (Wildlöcher) des Kindes. Die Entwicklung der Bildsprache führt zum sogenannten „Visuellen Realismus", d.h. zu einem Realismus, der von der optischen Erscheinungswelt bestimmt ist. Er wird meist mit der Vorpubertät erreicht.

Bis dahin entwickelt das Kind einen Reichtum an Formen, um seine Vorstellungs-, Erlebnis-, Wunsch- und Traumwelt zu schildern.

Merkwürdig ist dabei die Tatsache, daß offensichtlich alle Kinder dieser Erde, unabhängig von Kultur, Sprache und Umgebung, sehr ähnlich zu zeichnen beginnen und daß am Beginn der Formensprache geometrische Zeichen stehen als Symbolformen für eine Welt, die das Kind doch so sinnenhaft erlebt, erfährt und erobert. Dafür gibt es verschiedene Theorien. Eine besagt, daß offensichtlich in jedem Menschen ein Kanon von Formen angelegt ist, sogenannte „endogene Bildmuster" (Eichmeier/Höfer), die nach Bedarf „geäußert", d.h. nach außen gebracht werden. Wer diese Zeichen aufmerksam beobachtet, wird sie in Zeugnissen der Kulturgeschichte immer wieder finden – in den Höhlen- und Felszeichnungen, in Symbolen verschiedener Religionen, in esoterischen, alchimistischen, astrologischen Zeichen bis hin zu Mandala- und Meditationsfiguren.

Die Bildsprache der Menschen hat eine gemeinsame Wurzel und ist international – eine beeindruckende Tatsache.

Wenn man die Zeichen aufzählt, wird einem schnell klar, wo sie überall eine Rolle spielen:

Kreis
Kreuz
Dreieck
Viereck
Oval
Spirale
Stern
Kreuz im Kreis
Stern im Kreis
Sonne

Es ist wirklich faszinierend mitzuverfolgen, wie jedes Kind immer wieder von neuem seine Formenwelt aufbaut und sich uns damit mit-teilt, also mit uns seine Welt teilt und uns teilhaben läßt an sich. Und wir können es verstehen, weil wir diese Formenwelt selbst in uns tragen.

Im 20. Jahrhundert sind bekannte Künstler in diese Welt „zurückgetaucht" und haben wunderbare, hochpoetische Werke geschaffen, die uns helfen können, die Sehnsucht, wieder wie ein Kind zu sein und empfinden zu können, ein wenig zu stillen. Es seien nur Paul Klee, Joan Miró und Jean Dubuffet genannt.

Woher kommt es eigentlich, daß für uns Erwachsene und offenbar auch für die Kinder die Beschäftigung mit dieser Formenwelt so wohltuend und beruhigend wirkt? Warum spielt sie so eine entscheidende Rolle im mittelalterlichen, christlichen oder auch in asiatischen Meditationsfiguren? Könnte es sein, daß durch das Betrachten dieser Formen, durch ihr „Formulieren", eine Identität zwischen einer Welt in mir und einer außerhalb von mir hergestellt wird, eine spannungsfreie Zone sozusagen, in der ich wieder zu mir finden kann und Platz ist für Ruhe, Ausgeglichenheit und Muße?

Wenn Kinder ihre Formenwelt ausbilden, bauen sie jedenfalls immer wieder von neuem eine Ordnung einer Welt auf, in der sie unauswechselbar ihren Platz haben.

8. Praktische Anregungen zum Formenzeichnen in der Sandwanne

Bevor ich mit einem Kind konkrete Grundformen in der Sandwanne erübe, lasse ich das Kind spielerisch Kontakt aufnehmen (siehe Kapitel: Spielerische Übungen). Das konkrete Formenzeichnen selbst benötigt einige Anregung und auch kleine Aufgabenstellungen.

Kleine Aufgaben, die vom Kind zu lösen sind, können jedoch zuerst mehr allgemein gehalten werden. Beispiel: Teile das Blatt in zwei Hälften ein. Das Kind hat verschiedene Möglichkeiten: die Teilung mit der Senkrechten, der Waagrechten oder mit der Diagonalen.

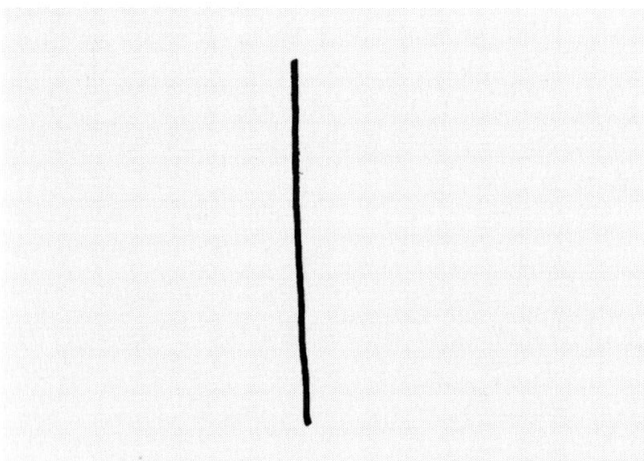

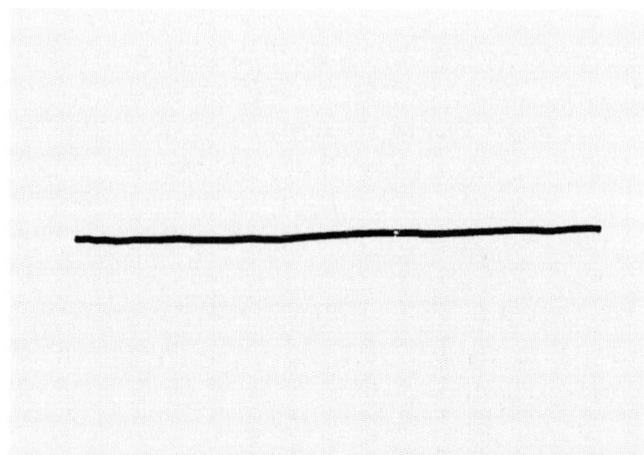

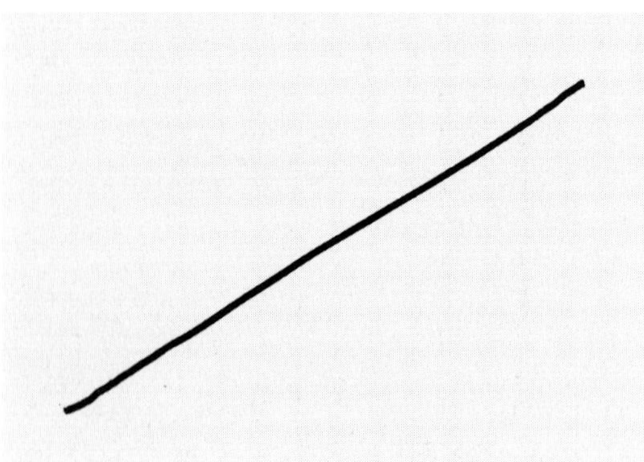

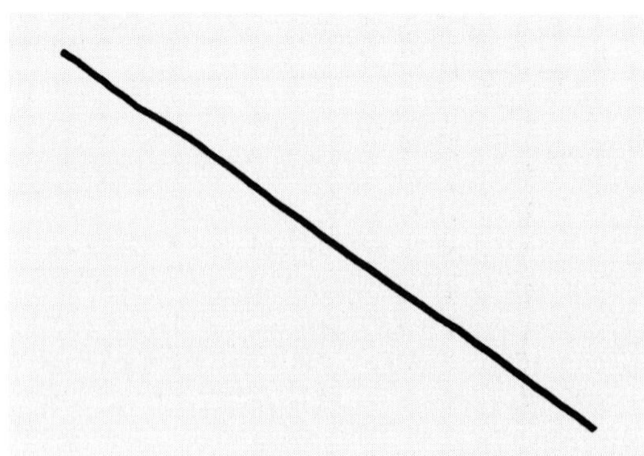

Ein gerader Strich verändert sich: wird Zick-Zack-Linie oder Wellenlinie.

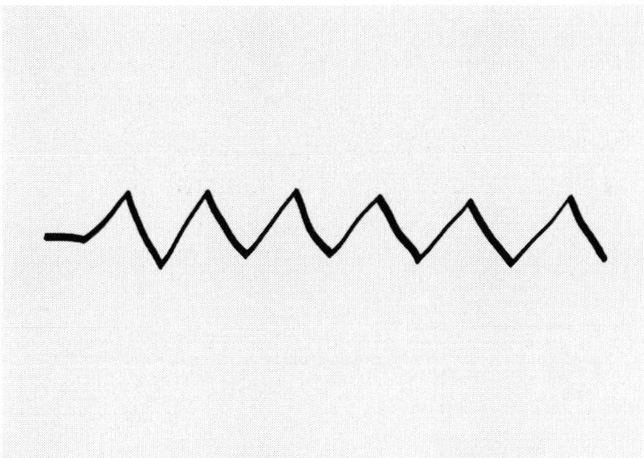

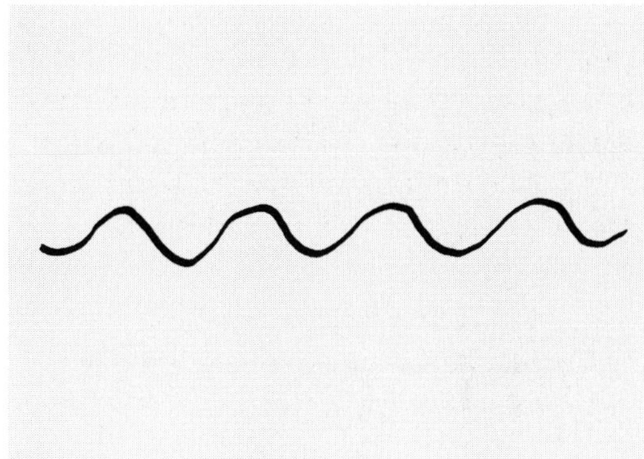

Die gerade Linie in der Senkrechten kann von oben nach unten und von unten nach oben gezogen werden.

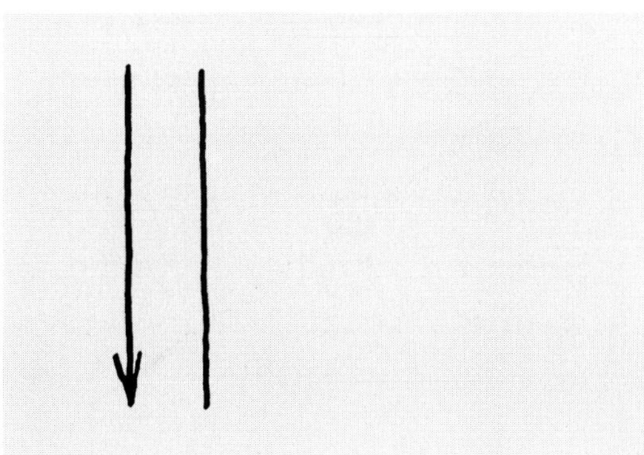

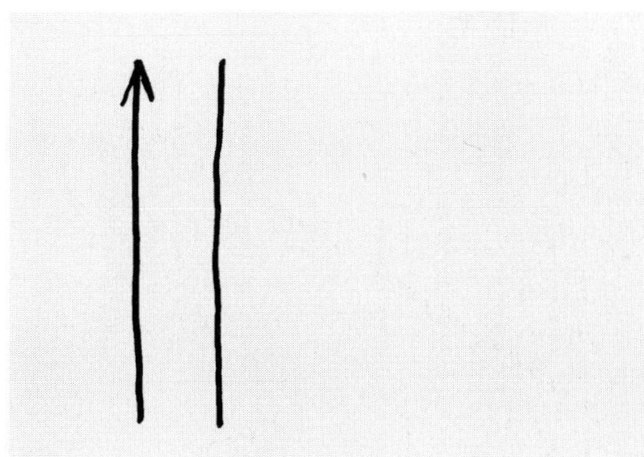

Die waagrechte Linie von links nach rechts oder von rechts nach links.

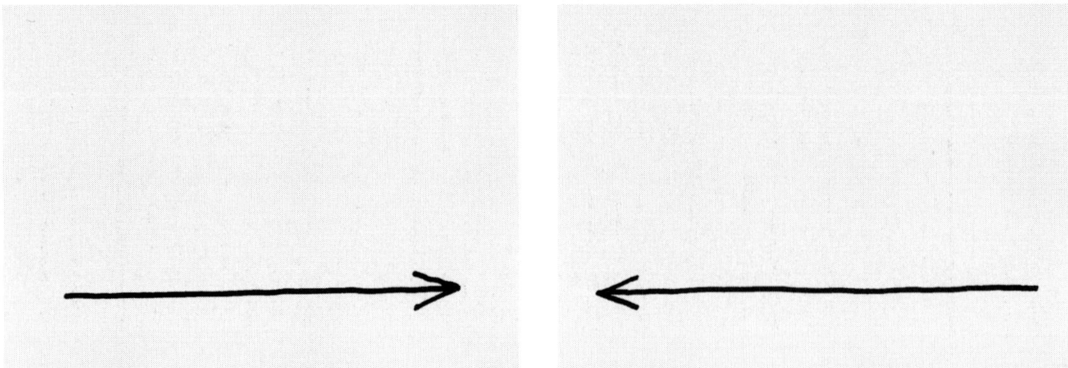

Viele gerade Linien folgen in regelmäßigen Abständen.

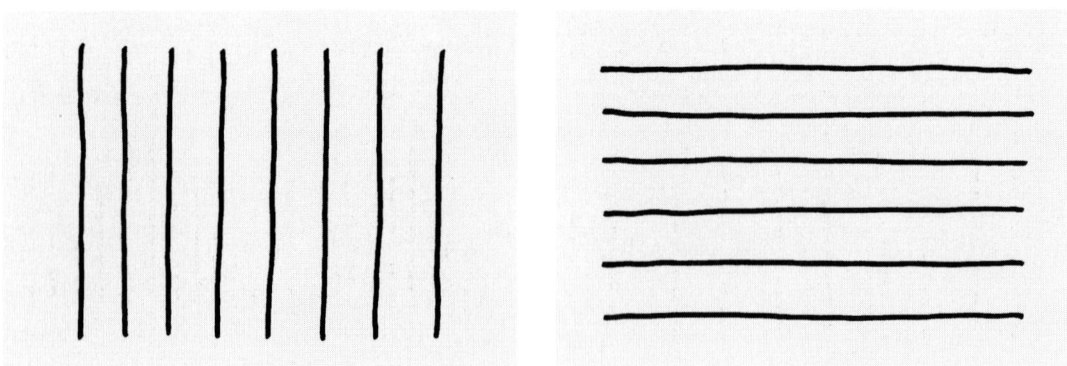

Gerade Linien bilden Gruppen, die immer größer werden ...

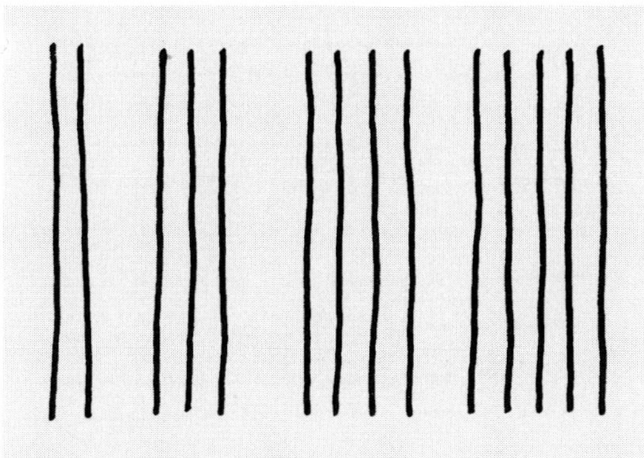

... oder auch kleiner werden.

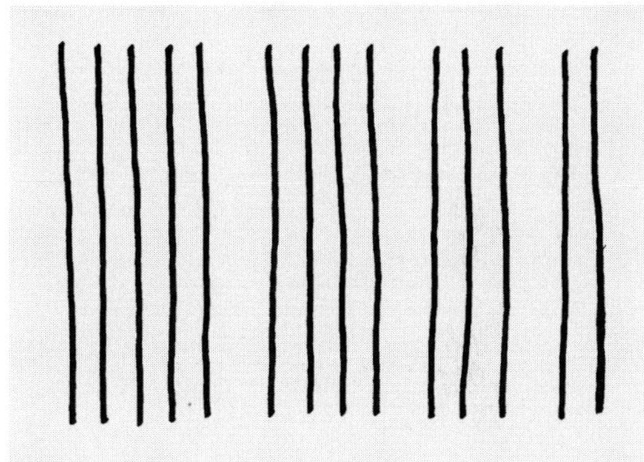

Eine große gerade Linie wechselt jeweils mit einer kleinen ab.

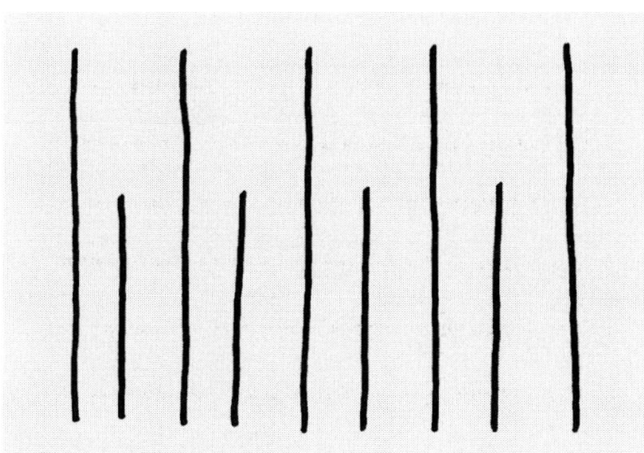

Eine gerade Linie wird von Schritt zu Schritt größer bis zu einem Höhepunkt – und dann wieder kleiner.

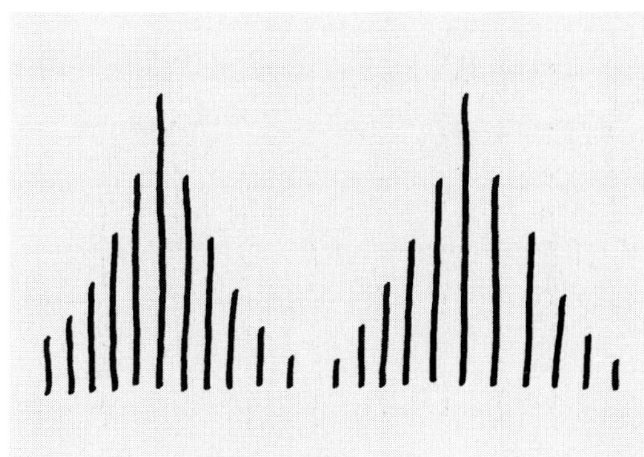

Ähnliche Übungen können auch mit der Waagrechten gemacht werden.

Neue Formen aus Senkrechten und Waagrechten entstehen.

Die Kinder können bei den Übungen die Sandwanne im Quer- oder Hochformat nehmen. Beim Hochformat muß das Kind, wenn es eine senkrechte Linie zieht, eine längere Strecke durchziehen. Es muß sich dabei mit dem Oberkörper mit weit ausgestrecktem Arm über die Sandwanne beugen. Zu beobachten ist, daß Kinder die Bewegung nicht nur aus dem Arm heraus vollziehen, sondern der ganze Oberkörper die Bewegung mitvollzieht, ja die Bewegung bis in die Zehenspitzen sich fortsetzt.

Die Waagrechte wird im Unterschied zur Senkrechten von den Kindern als Weite empfunden. Diese Empfindung haben Kinder auch, wenn sie beide Arme in der Waagrechten ausstrecken.

Andere Varianten sind, wenn die Gerade in der Diagonale oder Schräge gezogen wird. Wird oben angefangen und die Linie schräg nach unten geführt, ist dies nicht nur eine andere Bewegungsrichtung als von unten nach schräg oben, sondern wird auch als andere Empfindung vom Kind erlebt. Von oben kommt sie wie ein Strahl, der in die Tiefe führt, von unten wächst sie aus der Tiefe empor. Bei geraden Linien mit Winkelbildungen ist der rechte Winkel der ausgewogenste. Überall da, wo man baut, spielt der rechte Winkel eine tragende Rolle. Er ist der Winkel in der Welt des Irdischen. Er gibt Festigkeit und Sicherheit. Gegensätzliche Elemente gleichen sich aus.

Bei Sternformen entstehen durch Kreuzung die Winkelbildungen.

Anders ist es bei der Gestaltung von zwei Geraden, die im Winkel aneinander stoßen. Die Linie wird als Richtungswechsel erlebt.

Alle Übungen können auch mit der Diagonalen gemacht werden.

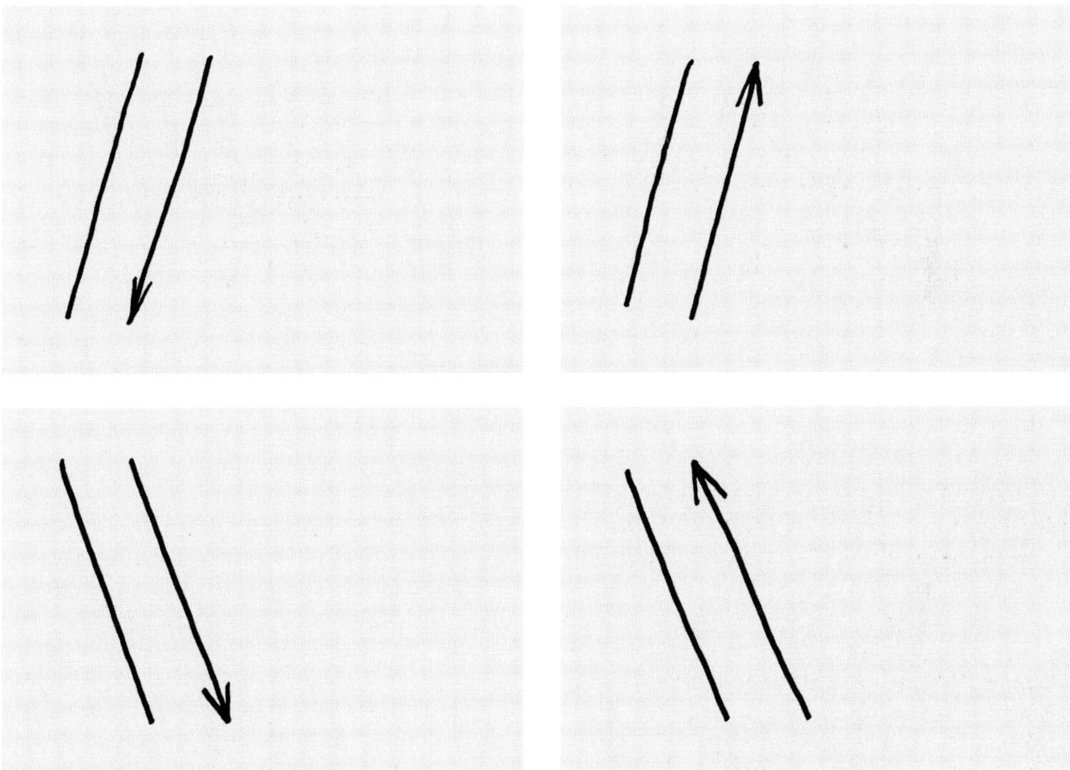

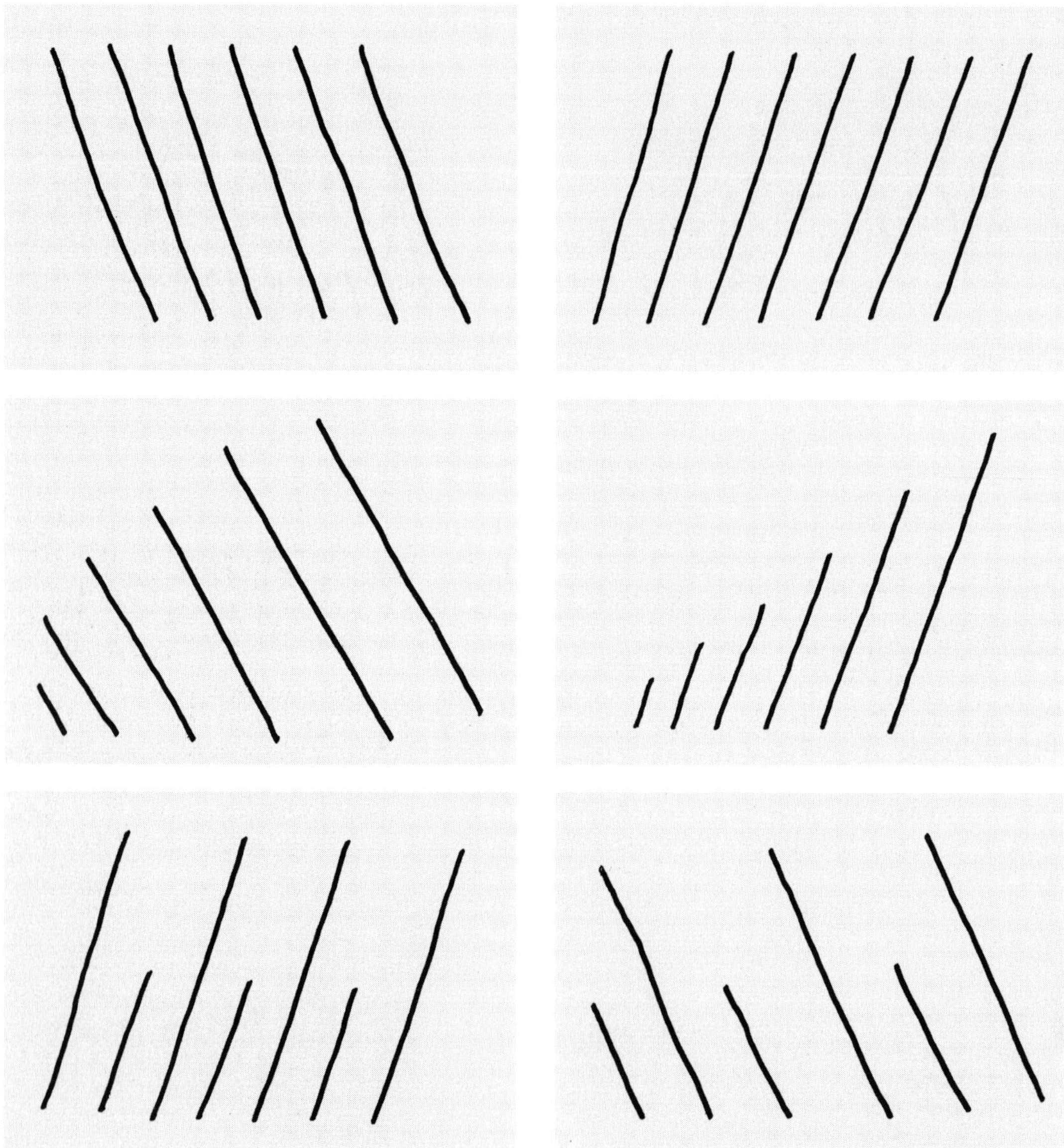

Senkrechte, Waagrechte und Diagonale werden miteinander kombiniert.

Weitere Übungen mit der Diagonalen und verschiedenen Winkelbildungen.

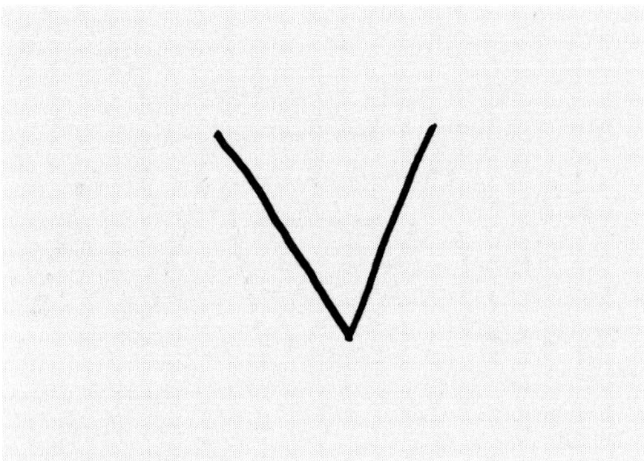

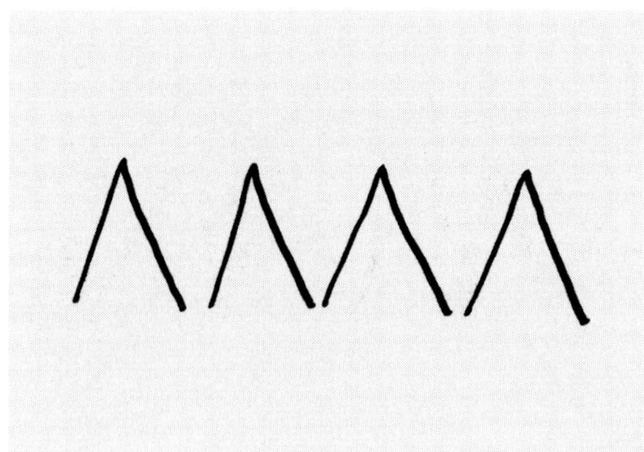

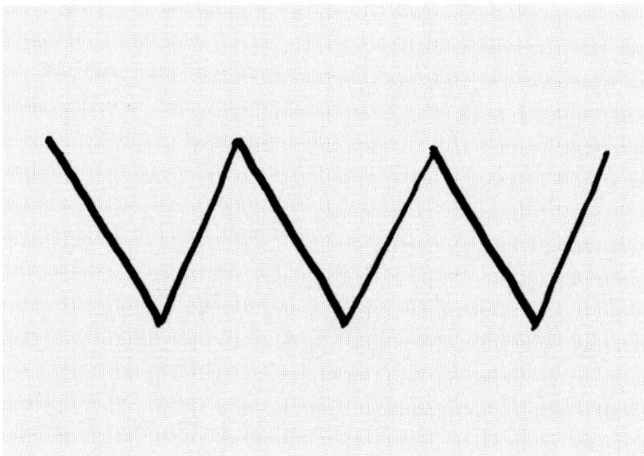

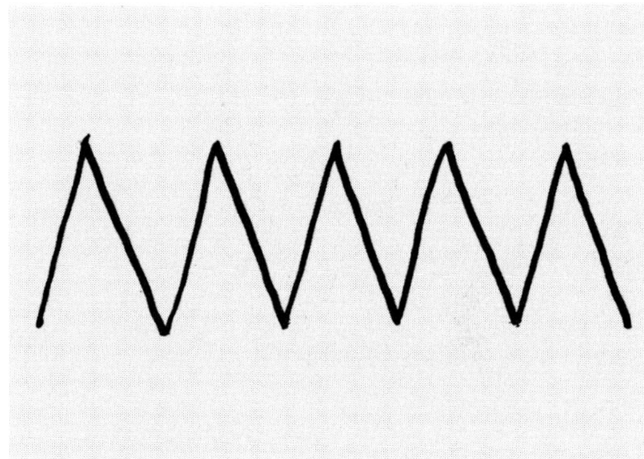

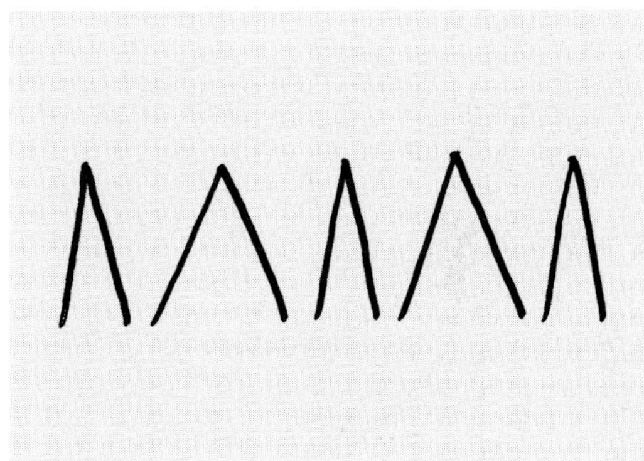

Ein Dreieck wird als geschlossene Form gezeichnet.

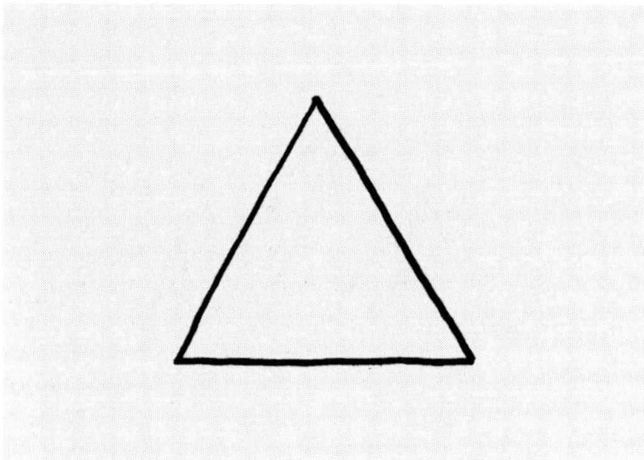

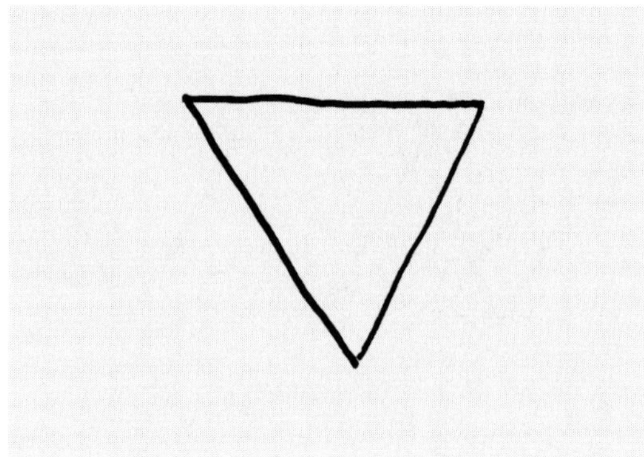

Zwei Dreiecke aneinander ergeben ein Quadrat oder eine Raute.

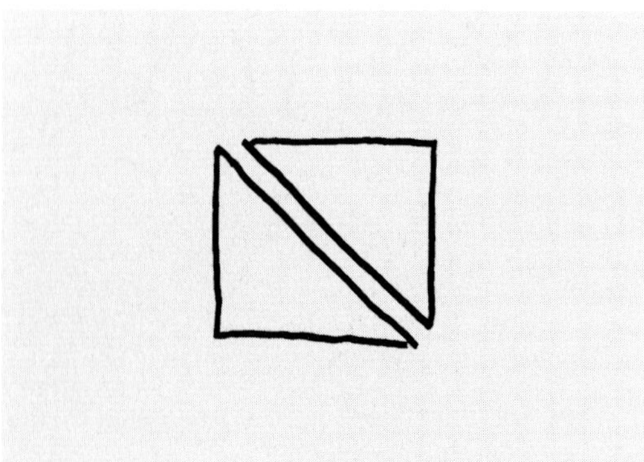

Dreiecke im Wechsel.

Rauten.

Zwei Dreiecke mit der Spitze übereinandergeschoben.

Zwei Dreiecke, die übereinandergeschoben werden, bilden einen Sechsstern.

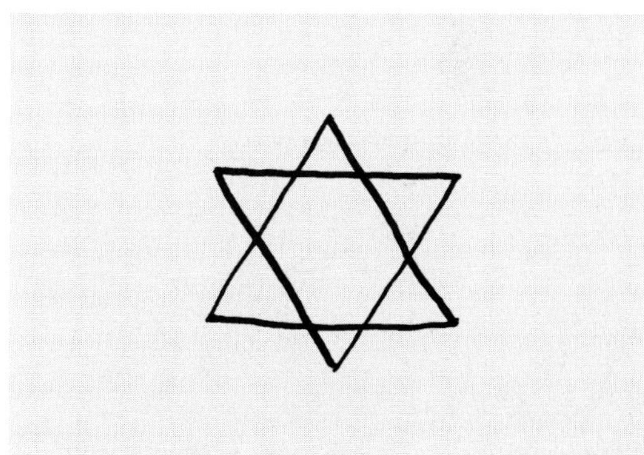

Die gebogene Linie, die sich von links nach rechts in Schreibrichtung öffnet, wirkt in Hinsicht auf die nachfolgenden Linien aufnahmebereit,

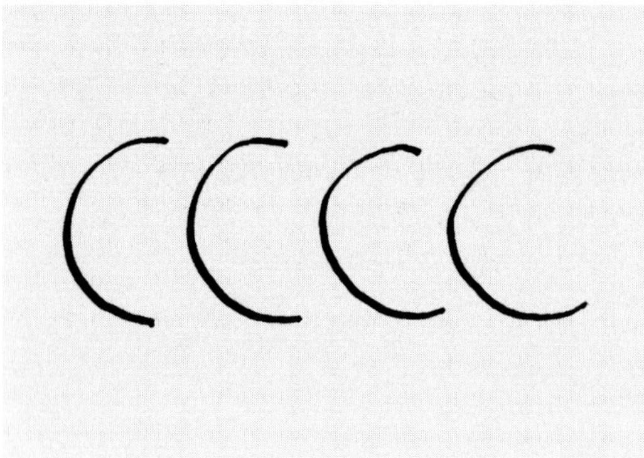

umgekehrt „schaut sie zurück“.

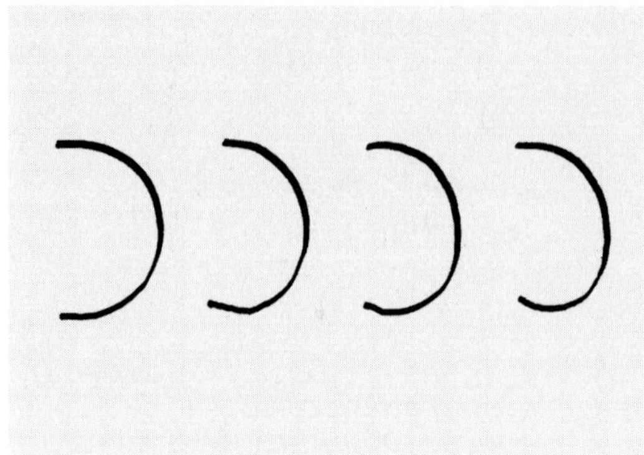

In der Öffnung nach oben gleicht sie einem aufnehmenden Gefäß,

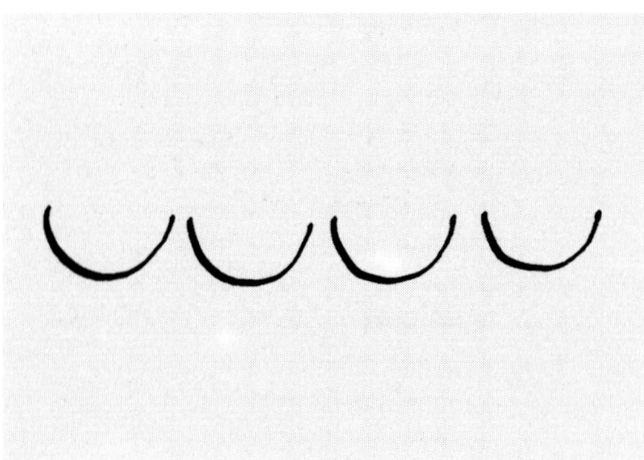

in der Öffnung nach unten schließt sie sich nach oben ab, gleicht eher einer schützenden Höhle.

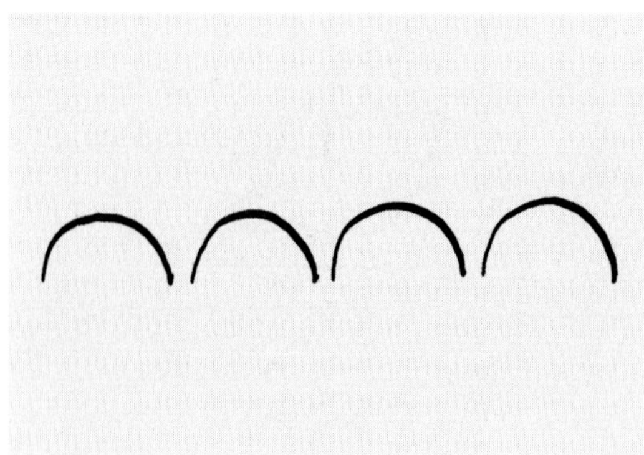

Die geschlossene, gebogene Linie ergibt den Kreis.

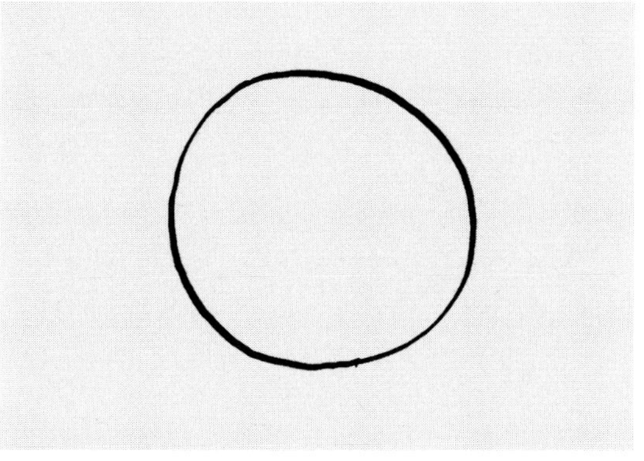

Aus dem Kreis kann das Oval entwickelt werden.

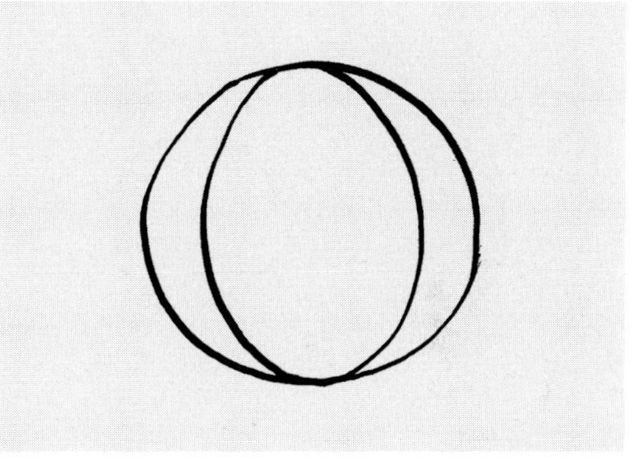

In das Oval der Ellipse läßt sich in einem Schwung ein S oder eine Welle zeichnen.

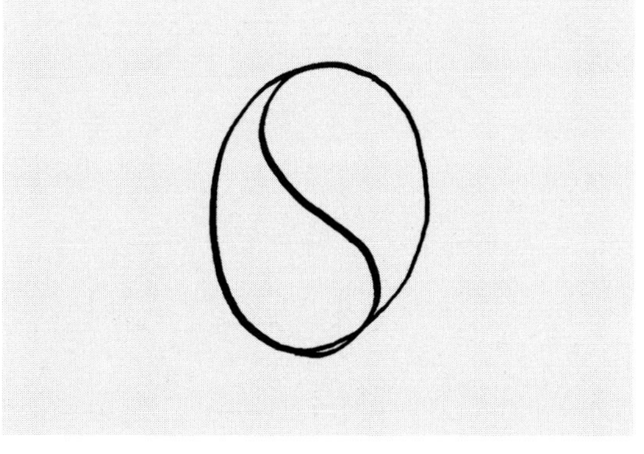

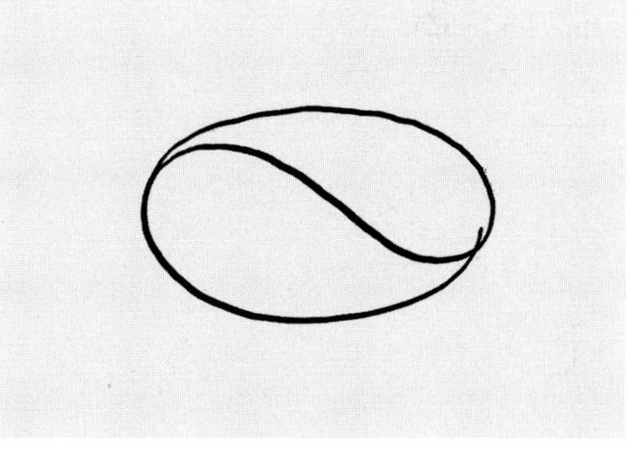

Diese geschwungene Form, in der Gegenrichtung gezogen, ergibt die Lemniskate.

Halbkreise nach oben und unten geöffnet.

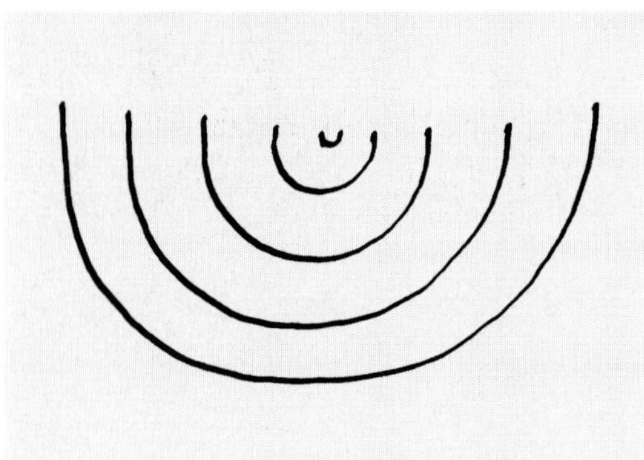

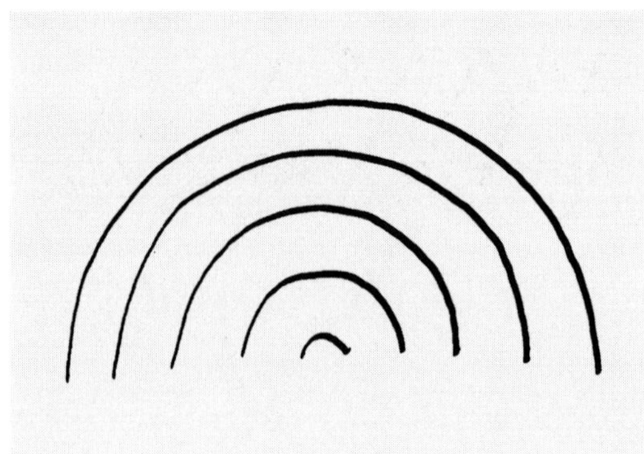

Übungen mit Formen, die sich überkreuzen.

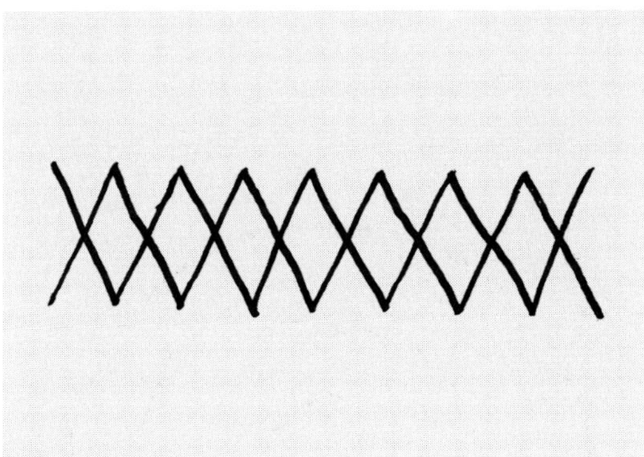

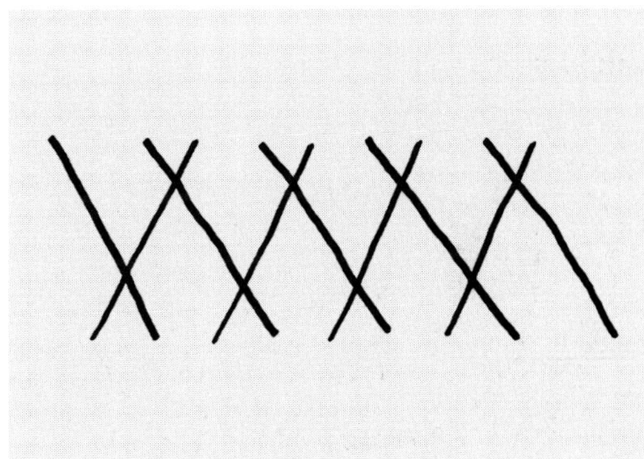

Die gebogene Linie kann als Wellenlinie einen schönen Rhythmus bekommen.

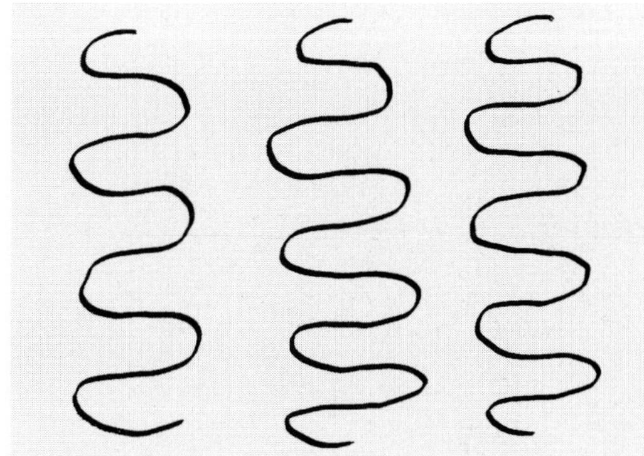

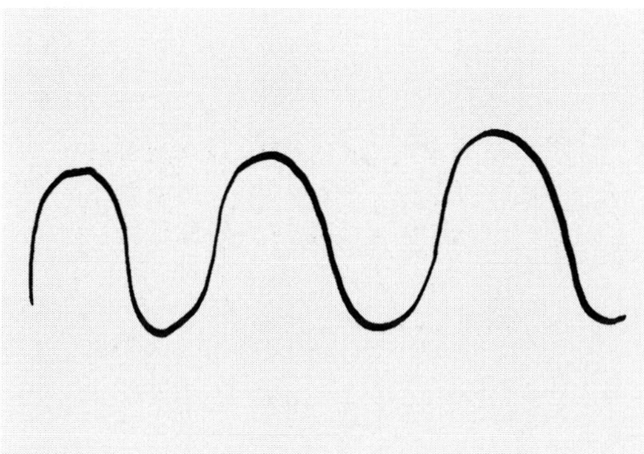

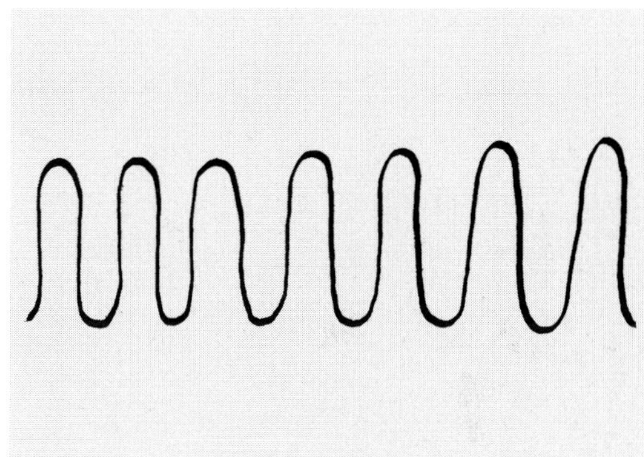

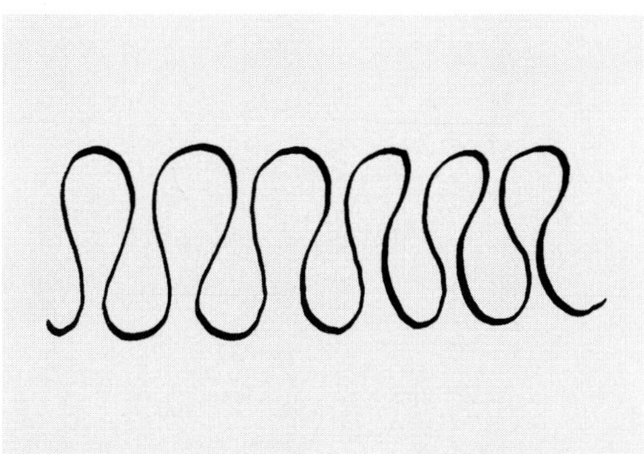

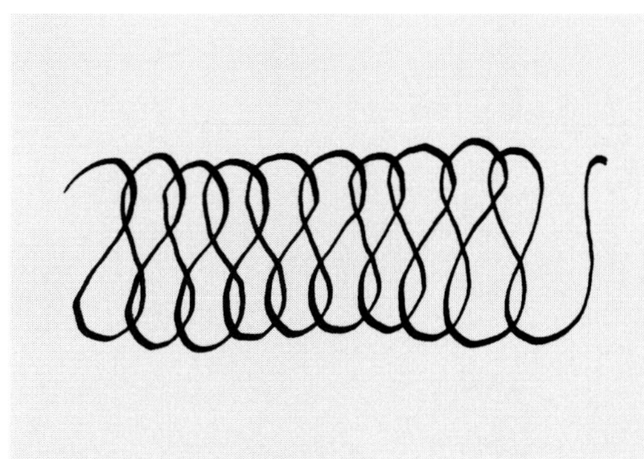

Der Kreis kann einen Mittelpunkt bekommen, oder man zieht um den Mittelpunkt einen Kreis.

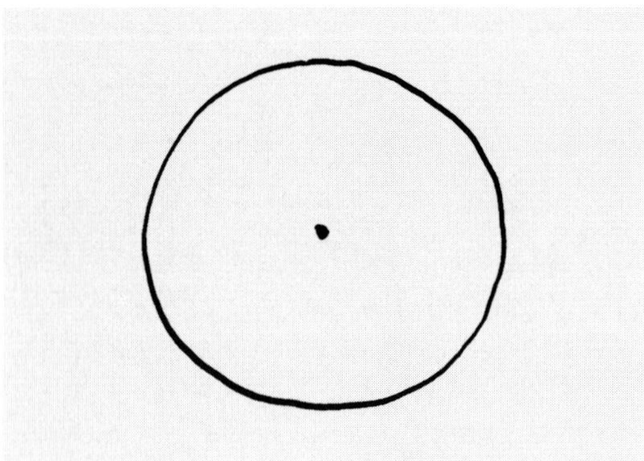

Der Kreis wird mittels eines Kreuzes in vier Segmente aufgeteilt.

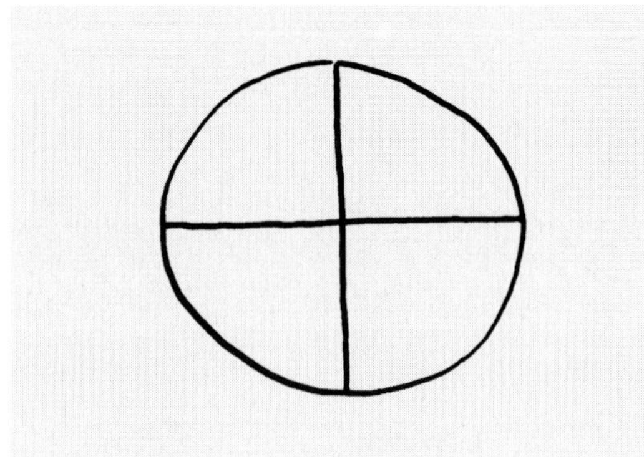

In den Kreis wird ein Quadrat gezeichnet.

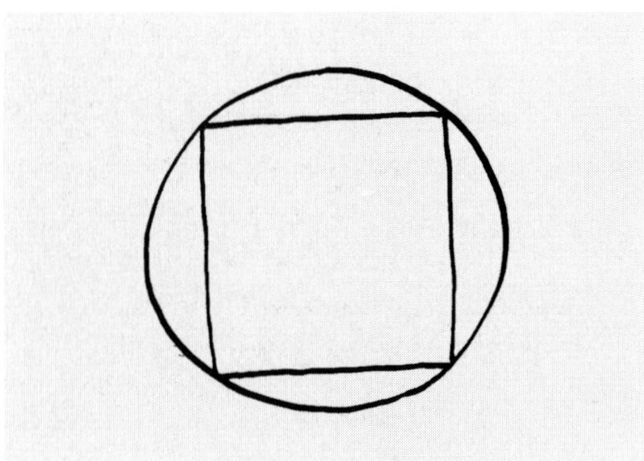

In den Kreis wird ein Dreieck gezeichnet.

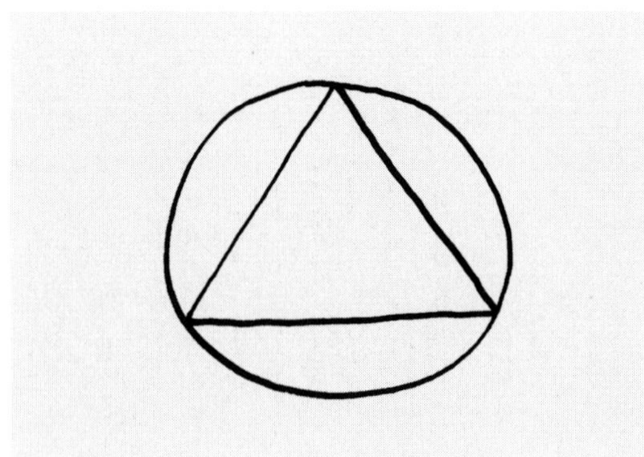

In den Kreis wird ein Rad gezeichnet.

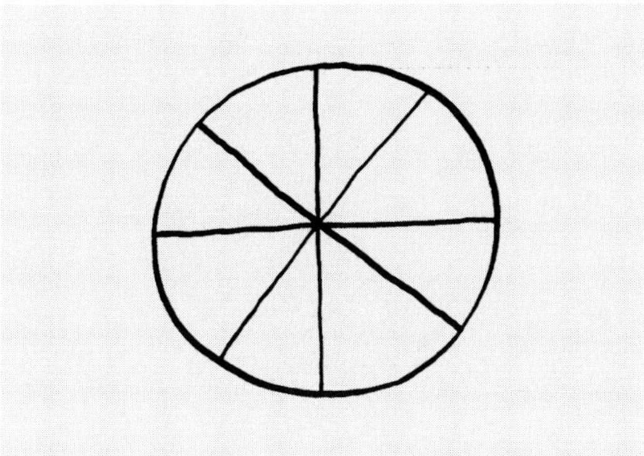

Der Kreis wird mit geraden Linien „gefüllt“.

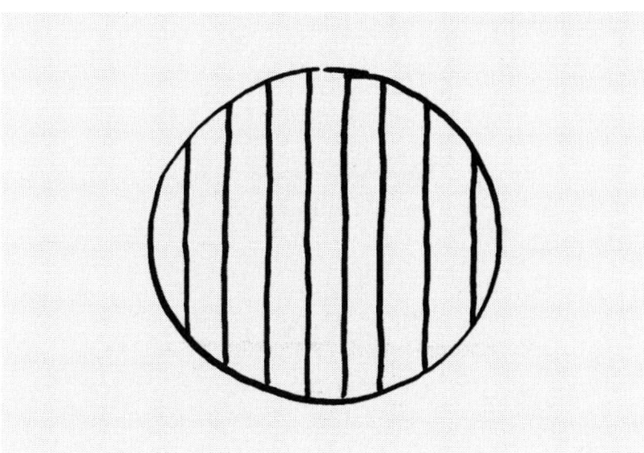

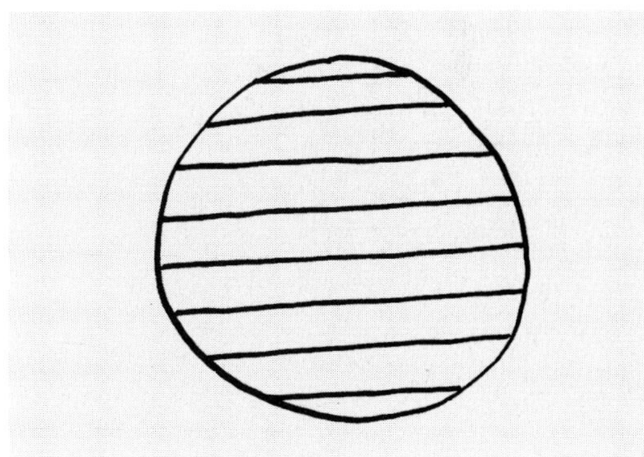

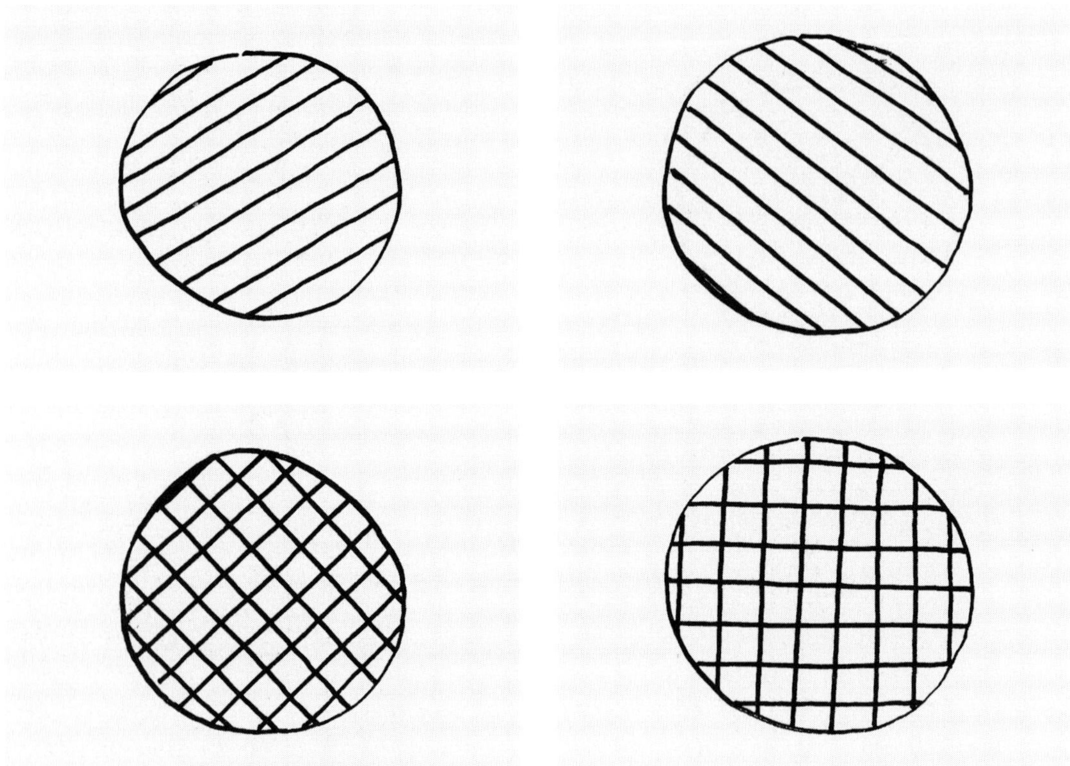

Konzentrisch gezogene Formen führen zur Konzentration.

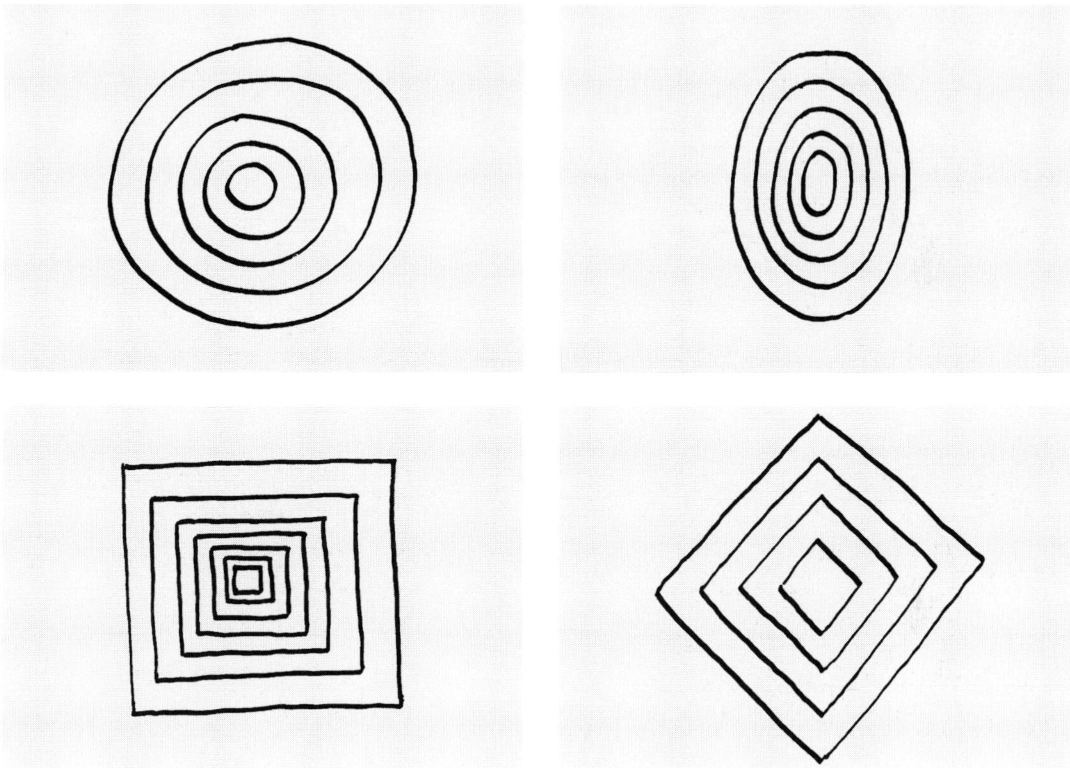

Radiale und axiale Formen.

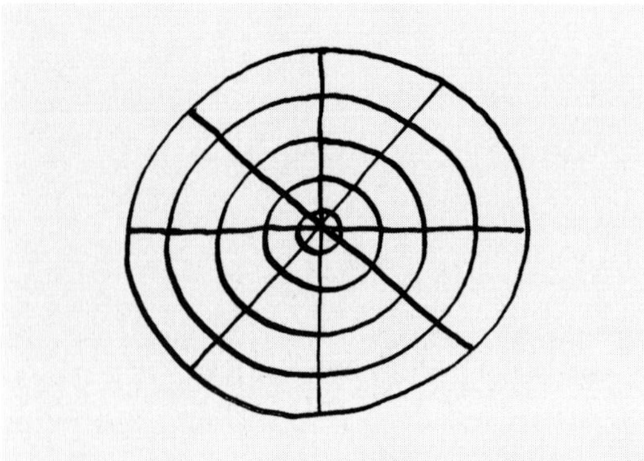

Sehr gut ist es auch, mit den Kindern einmal mit der kleinsten Form im Zentrum zu beginnen oder von außen nach innen zum Mittelpunkt zu gestalten.

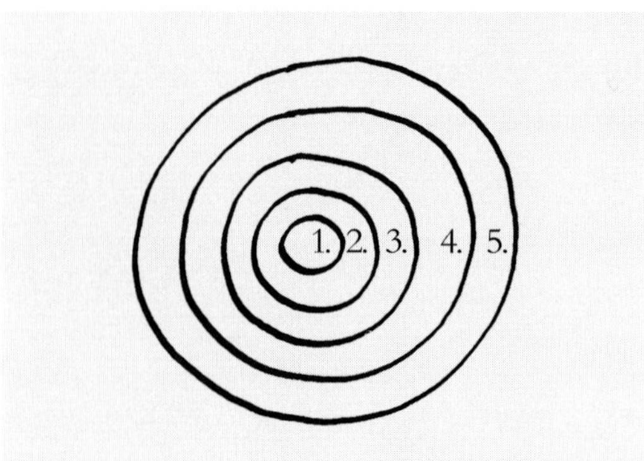

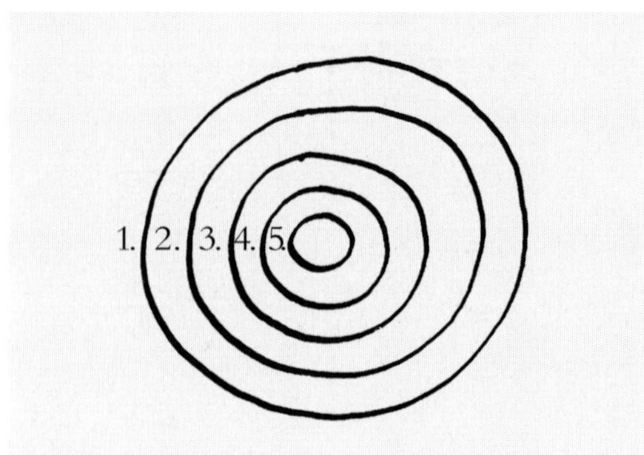

Bei der „Sonne" werden die Geraden einmal von innen nach außen, einmal von außen nach innen gezogen.

In diesem Fall ist das Rund des Kreises eine „gedachte Linie".

Die Spirale, von außen nach innen geführt, führt in den Mittelpunkt zur Konzentration.

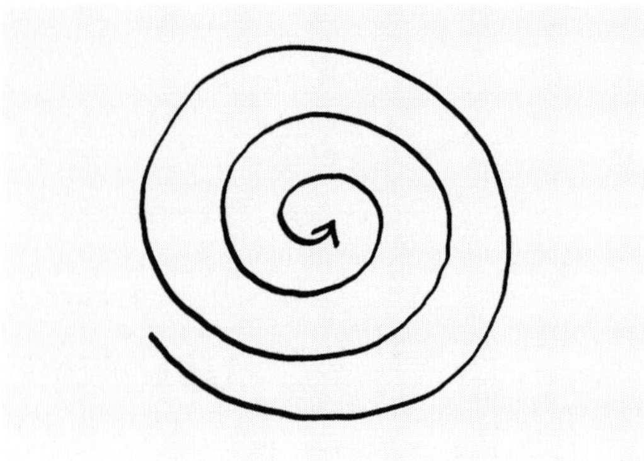

Von innen nach außen geführt, dehnt sich die Spirale aus, läßt sich förmlich ausufernd darstellen, bekommt Bewegung und Dynamik.

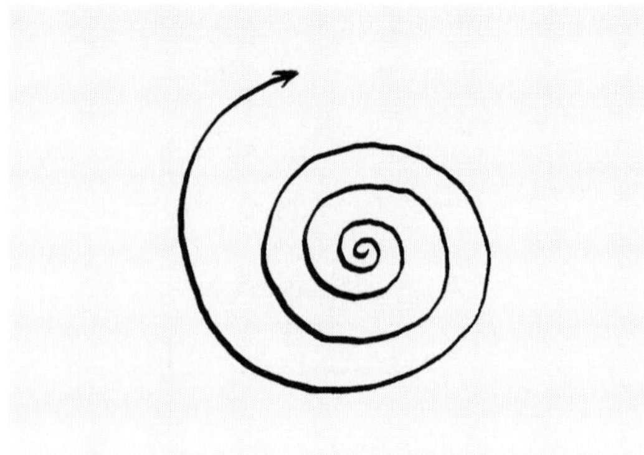

Die sich ein- und ausdrehende Spirale wird zur Doppelspirale.

Im Zentrum angelangt, wendet sich die Bewegungsspur und geht wieder nach außen.

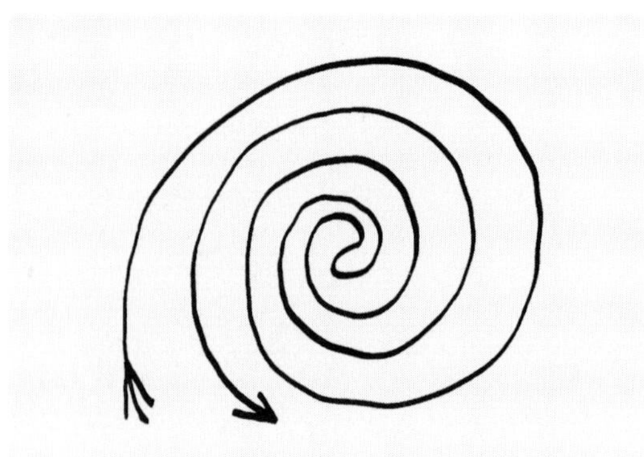

Es ist interessant, einmal an sich zu beobachten, was einem leichter fällt: die ein- oder ausdrehende Spirale, die Spirale, die links oben beginnt und nach rechts unten führt, oder die Spirale, die rechts oben beginnt und nach links unten führt.

Die Übungen können auch mit dem Mäander gemacht werden.

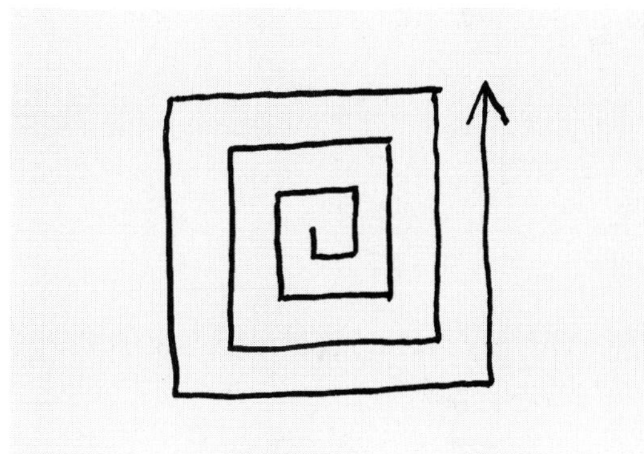

Die Konstruktion des „kretischen Labyrinths" – ausgehend vom Kreuz.

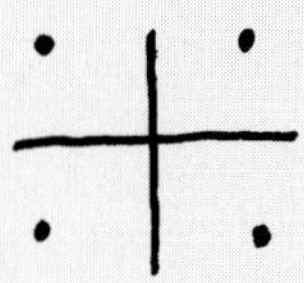

1.

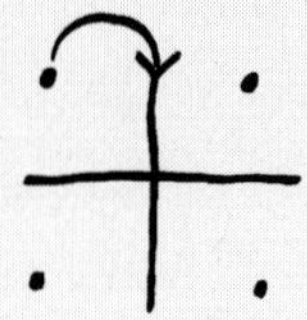

2.

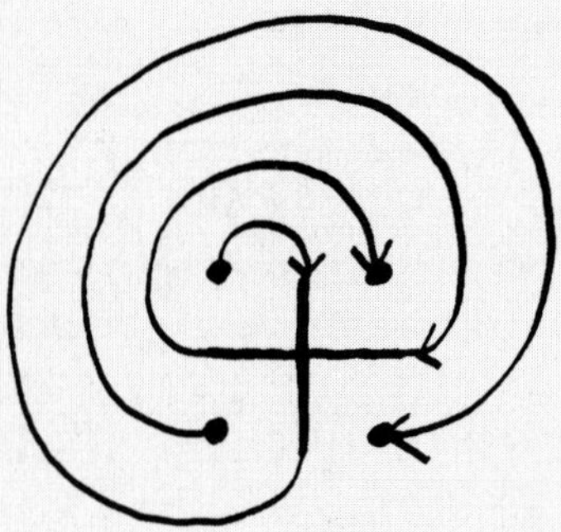

3.

Symmetrieübungen

Sobald sich das kleine Kind aufrichtet, versucht es, im Gleichgewicht zu bleiben. Es ist ein Ausgleichen der Mitte, die immer wieder neu hergestellt werden muß, sonst würde das Kind mit jedem Schritt aus dem Gleichgewicht geworfen werden. Beim Balancieren des Kindes auf einem Baumstamm, Balken oder einer Mauer können wir dieses Bemühen beobachten. Auch der Körper des Menschen ist symmetrisch gestaltet. Beim Zahnwechsel um das siebte Lebensjahr brechen die zweiten Zähne im symmetrischen Wechsel durch. Auch in der Kinderzeichnung zeigt sich immer wieder eine Vorliebe für symmetrische Darstellungen.

Beispiel Baum:

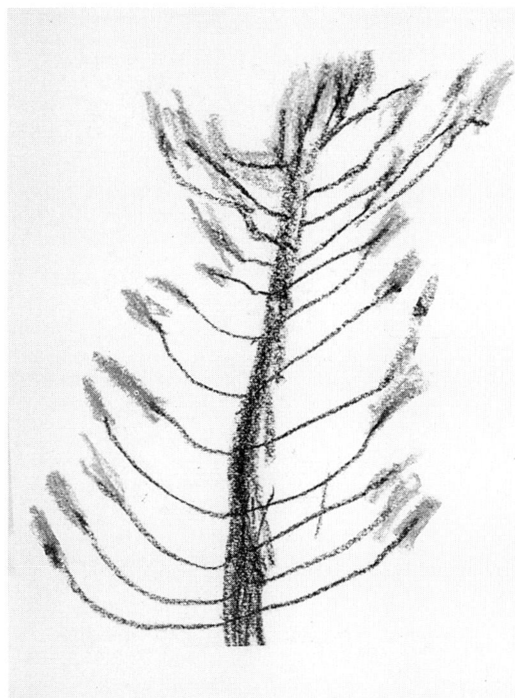

Kinderzeichnung „Baum"
(Junge, 3 Jahre 10 Monate)

(Aus: Michaela Strauss, Von der Zeichensprache des kleinen Kindes. Spuren der Menschwerdung, Verlag Freies Geistesleben, Stuttgart [5]1994)

Es ist eine gute Übung, die Kinder Formen „vervollkommnen“ zu lassen. Hilfreich ist es, das Kind dabei zuerst die Sandwanne durch einen geraden Mittelstrich in zwei Hälften teilen zu lassen. Auf einer Seite probiert man eine (anfangs einfache) Form aus und läßt das Kind diese spiegelbildlich ergänzen.

Dies sind hervorragende Übungen, um die Gleichgewichtskräfte in der Vorstellung zu üben. Links – rechts, oben – unten, innen – außen werden geübt.

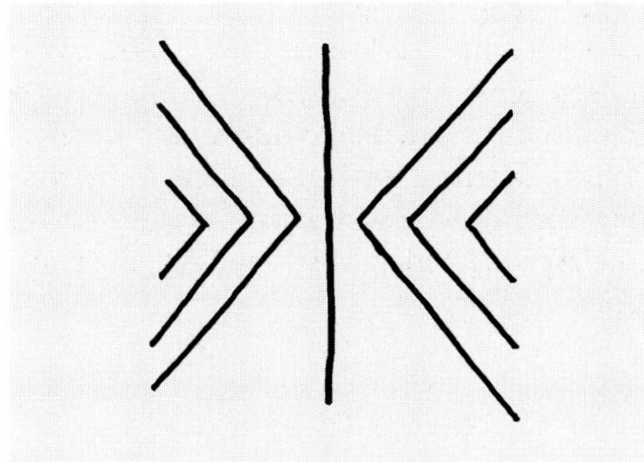
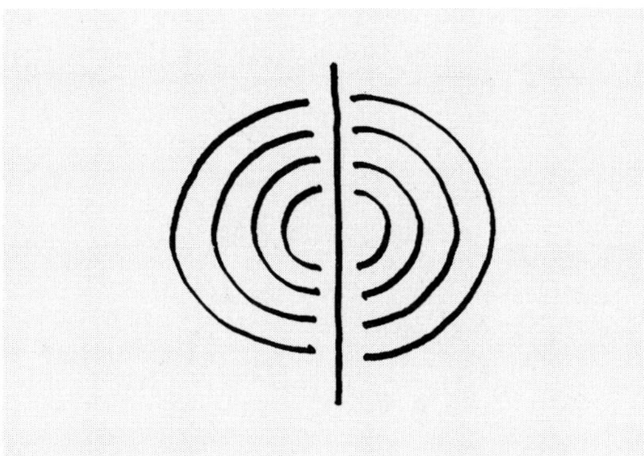
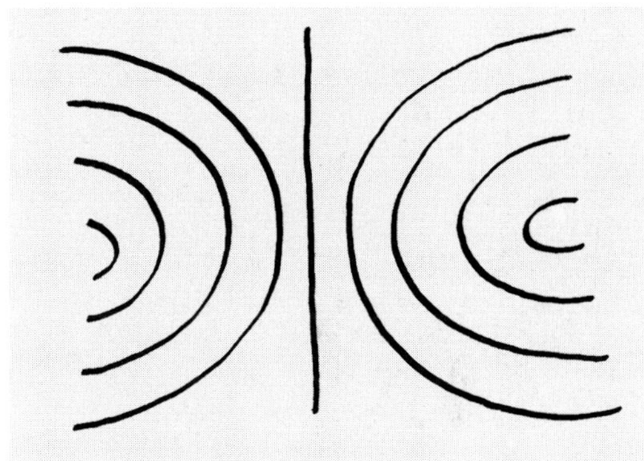
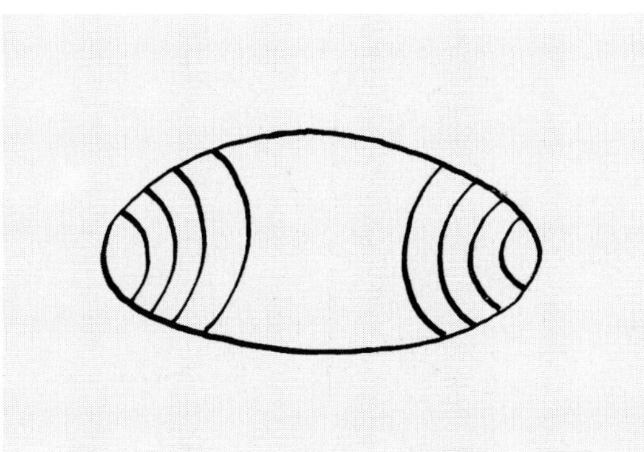
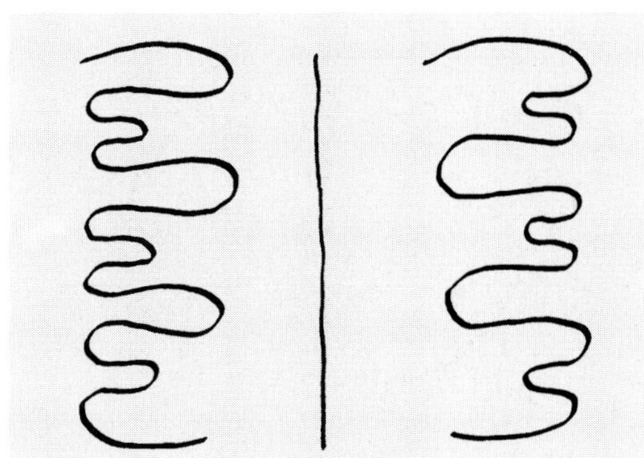

Für die Kinder ist es einfacher und natürlicher, die symmetrische Raumlage zuerst in der Senkrechten zu begreifen und auszuführen. Die Rechts-Links-Symmetrie entspricht stärker dem kindlichen Bedürfnis des körperlichen Ausbalancierens in der Aufrechten aus der Körpermitte. Erst später sind die Kinder in der Lage, Spiegelungsaufgaben oben – unten zu ergänzen.

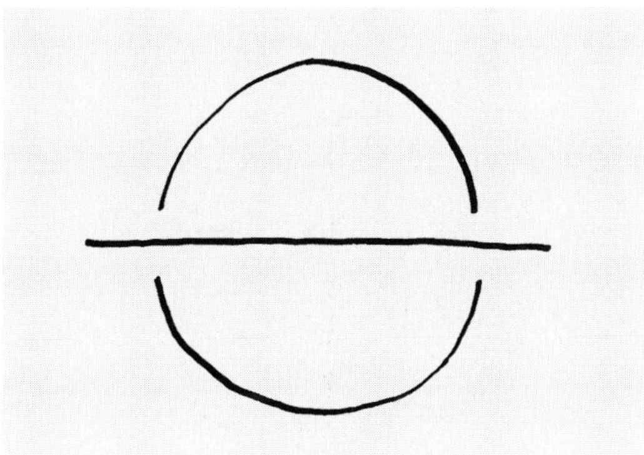

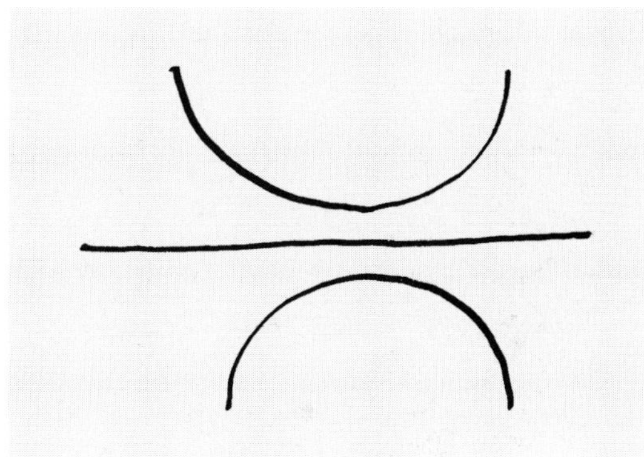

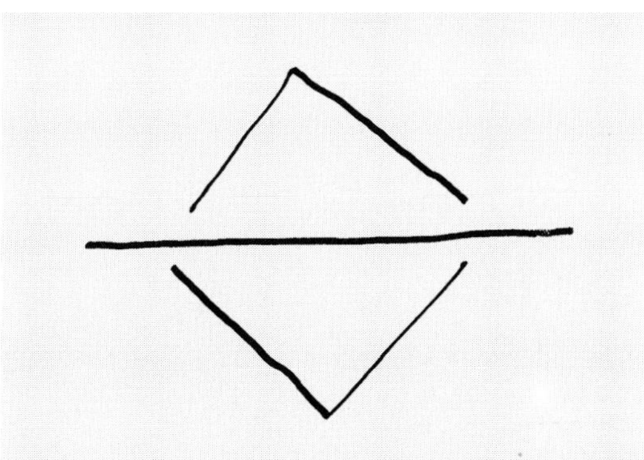

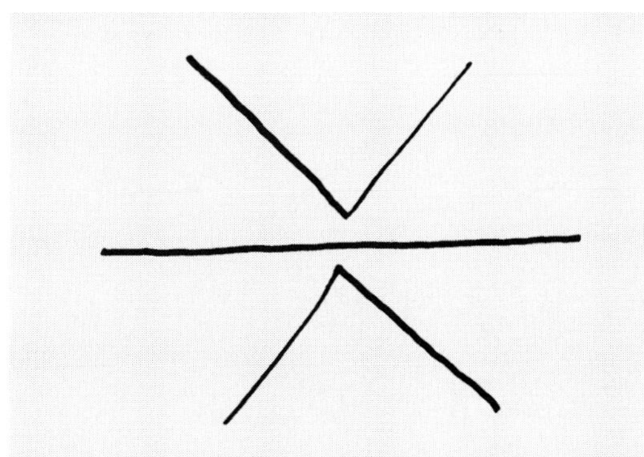

Die voranstehenden Übungen bilden bei Kindern Vorstellungsvermögen, Konzentration und Motorik aus. Sie sind als Hilfsmittel zu betrachten und dürfen den freien, phantasievollen Ausdruck der Kinder nicht einschränken. Der Erwachsene gibt die Anregungen, darf aber nicht in den Impuls des Kindes, etwas Bestimmtes gestalten zu wollen, eingreifen. Jedoch können Fertigkeiten, die dem Kind bei der Umsetzung seiner Phantasie helfen, geübt werden. Außerdem können die Formen auf das Kind eine heilende Wirkung haben.

In der Sandwanne werden die Formen vom Kind mit spielerischer Leichtigkeit, mit Experimentierfreude und einer entspannten Muskulatur geübt. Dies schafft nicht zu unterschätzende Sicherheiten, wenn das Kind später zum Schreiben hingeführt wird. Das Formenzeichnen in der Sandwanne kann hier eine große Hilfe auf dem Weg zur Schrift sein und auch später bei auftretenden Problemen beim Erlernen des Schreibens therapeutisch wirken. Über das Formenzeichnen in der Sandwanne wird das Kind allmählich zur Schrift hingeführt.

Schon im Vorschulalter zeigen Kinder großes Interesse an der Schrift und sind fasziniert von Buchstabenformen. Die ersten „kindlichen Briefe" tauchen in den Kinderzeichnungen auf. Dies sind versuchte Nachahmungsformen. Kinder beobachten Erwachsene oder ältere Kinder, wie diese Blatt für Blatt mit Formen und rhythmischen Reihen füllen. Kinder handhaben in diesem Alter die Schrift sehr unbekümmert, sind äußerst motiviert und finden originelle eigene Ausdrucksmöglichkeiten. Es wäre sicher nicht richtig, den Kindern bereits im Vorschulalter die Buchstaben auf nüchterne, sachliche Weise beibringen zu wollen. Jedoch soll die Freude am Schreiben und an der Welt der Buchstaben grundgelegt werden. Die Sandwanne ist ein gutes Mittel, die Experimentierfreude der Kinder und ihre Sinne immer wieder aufzufordern. Diese affektiven Bezüge unterstützen sicherlich den späteren Prozeß des Schreibenlernens.

9. Welchen Sinn haben die Formen?

Die zeichnerische Entwicklung der Kinder verläuft bei allen Kindern der Welt auf ähnliche Art und Weise. Sie ist nicht von soziokulturellen Faktoren abhängig, sondern überall auf der Welt tauchen elementare Formen wie Urkreuz und Urkreis in Kinderzeichnungen auf.
Grundsätzlich kann man sagen, daß Kinder – und auch wir Erwachsene – alle zeichnerischen Gestaltungsaufgaben aus der Geraden und der gebogenen Linie entwickeln. Es sind die zwei „Urpaare" in der Formensprache des Menschen. Daraus „formen" sich: Kreis, Oval, Quadrat, Rechteck, Dreieck, Spirale, Lemniskate, Stern ...
Geometrische Symbole tauchen nicht nur in den Kinderzeichnungen auf. Ingrid Riedel spricht in ihrem Buch „Formen" davon, daß sich in diesen geometrischen Grundformen unser Sein in seinen Ängsten, aber auch Erfüllungsmöglichkeiten spiegelt.

„Der *Kreis* verheißt Weite und Geborgenheit zugleich: Er verlockt dazu, umwandert und durchwandert zu werden. Von außen nach innen durchschritten, gibt er Konzentration, läßt eine Mitte finden. Von innen nach außen durchmessen, erschließt er immer größere Weiten des Raumes, bildet konzentrische Kreise, wird zuletzt Bild für den Kosmos. Der Kreis bedeutet Umfangen-Sein.
Das *Quadrat* in seiner Kantigkeit steht für den Lebensbereich, den ich mir ausbaue im Hier und Jetzt: Es lädt dazu ein, sich niederzulassen, umschließt das Feld, den Grundriß eines Hauses, es bedeutet: Eingegrenzt-, Umgrenzt-Sein.
In der *Spirale*, der freiesten unter den Grundfiguren, entfaltet sich Leben, geschieht Entwicklung, Dynamik, rollt sich ein Schicksal auf und faltet sich wieder ein. Die Spirale besagt: Über-sich-hinaus-Sein.
Im Zeichen des *Kreuzes* fallen Entscheidungen, treffen sich Kraftfelder wie die Himmelsrichtungen: Nord und Süd, West und Ost, aber auch Oben und Unten, Rechts und Links. Das Kreuz bezeichnet unseren Standort im Spannungsfeld der Kräfte, bedeutet Durchstehen, Durchtragen der komplexen Realität, Ganzwerden im Standhalten, Ausgespannt-Sein zwischen vertikalen und horizontalen Richtungen.
Grundformen des Lebens sind Kreis und Kreuz, Dreieck, Quadrat und Spirale: Einstellungen zum Leben als ganzem spiegeln sich in ihnen, Lebensweisen, Lebensstile.
Zeichnen wir das Kreuz, so erleben wir Gegensätze, Spannungen, die wir durch dieses Zeichen zusammenbringen wollen, denen wir standzuhalten suchen: Das Kreuz ist ein uraltes Zeichen für Orientierung im Widerstreit der Kräfte, der Gefühle und der Anforderungen.

Zeichnen wir den Kreis, so umfassen wir das in ihm Enthaltene: Wir gestalten etwas Umgreifendes, das das in ihm Enthaltene birgt und schützt, es aber zugleich in einen größeren Zusammenhang stellt, in eine größere Weite.
Beim Gestalten eines Dreiecks geraten wir selber in das Spannungsfeld zwischen den Polen: finden uns in der Zerreißprobe wieder, die jede Dreierbeziehung bedeutet, erkennen das Dreieck aber auch als eine Figur, die aus Spannungen Balance, aus gegenpoligen Zuordnungen ein besonders variables Kraftfeld aufbaut.
Die Spirale wird oft gezeichnet, um innere Spannungen dynamisch und schöpferisch zu entladen, sie in eine Entwicklungskurve überzuleiten, die sich immer weiter und freier aufrollt und entfaltet.
Das Quadrat schließlich malen wir, um einen eigenen Raum abzustecken und auszugrenzen, in dem wir uns verwirklichen können."(Ingrid Riedel, Formen, Kreuz Verlag, Stuttgart 1985)

Rudolf Steiner, der Begründer der Waldorfpädagogik, spricht von zwei polaren Formprinzipien: der geraden, strahligen Linie und der krummen Linie. Eine als Ausdruck des Willens, die andere als Ausdruck des Denkens betrachtend. Rudolf Steiner regt an, das Formenzeichnen dem eigentlichen Schreibenlernen voranzustellen. Aus der Entwicklung der Grundformen seien dann die Buchstabenformen zu entwickeln. Formenzeichnen wird als Unterrichtsfach an Waldorfschulen von der 1. bis 5. Klasse angeboten. Bei Johannes Kepler („Harmonicus Mundi") lesen wir: „daß Gott in seinem unerschütterlichen Ratschluß das Gerade und das Krumme zu Anbeginn ausgewählt hat, um mit ihm die Göttlichkeit des Schöpfers in die Welt hinein zu zeichnen". Es ist sicher eine berechtigte Frage, ob es in uns nicht so etwas wie einen angeborenen Formensinn gibt.
Lebendige Formen finden wir auch im Leben der Natur. Der Fotograf, Bildhauer und Pädagoge Karl Bloßfeldt (1865–1932) hat den „Formenkatalog" der Pflanzen in seinen wunderschönen Fotographien fast zeichnerisch sichtbar gemacht. Er hat mit seinen Büchern „Urformen der Kunst" und „Wundergarten der Natur" Lehrwerke für bildende Künstler und Architekten herausgebracht. Karl Bloßfeldt war der Meinung, daß alles, was der Mensch kulturell und künstlerisch geschaffen hat, einen Lehrmeister hat: die natürlichen Dinge und vor allem die wachsende Pflanze.
Wir finden die Form der Spirale nicht nur im eingerollten Farnwedel, sondern im Strudel des Wassers, in den Spiralnebeln des Kosmos, in Schnecken und Muschelformen, im Ohr des Menschen, in den Linien unserer Fingerkuppen, in der Doppelhelix der DNS, die unseren genetischen Bauplan enthält.
Nicht nur in Kinderzeichnungen und Elementen der Natur haben wir es mit diesen Formen zu tun, auch in Funden aus früheren Kulturen tauchen Urformen auf.

Moderne Künstler (z.B. Paul Klee, Wassily Kandinsky, Pablo Picasso, Friedensreich Hundertwasser) haben diese Urformensprache wieder aufgegriffen.
Zeichen, Formen und Symbole finden wir auch in religiösen Dimensionen. Otto Betz drückt den Wert des Symbols so aus: „Wenn es um subtile Erfahrungen geht, um tiefe seelische Vorgänge oder um emotionale zwischenmenschliche Geschehnisse, dann sind wir auf symbolische Zeichen und Worte angewiesen, weil wir uns sonst nicht mehr ausdrücken könnten.“ (Otto Betz, Elementare Symbole, Herder, Freiburg 1987)
Und an anderer Stelle: „Wenn wir darauf zu achten beginnen, dann entdecken wir die symbolischen Elemente überall in unserem Leben. Es sind die Schlüssel zu einem tieferen Verständnis des Daseins, auf die wir nicht mehr verzichten können, wenn es uns um eine glaubwürdige Antwort auf die Urfragen des Daseins geht“ (Otto Betz, a.a.O., S. 13).
Auch C. G. Jung hat uns immer wieder auf den psychologischen Wert der „Urformen“, der „archetypischen Bilder“ hingewiesen.
Formen haben ihre eigene Bedeutung und daher nicht nur ornamentalen, gestalterischen, rein ästhetischen Charakter. Sie verbinden die innere und die äußere Welt. Sie sind Ausdrucksmittel der Seele, des Geistes, des Körpers.

10. Literaturverzeichnis

Ruth Ammann, Heilende Bilder der Seele, Kösel Verlag, München 1989

Otto Betz, Elementare Symbole, Herder, Freiburg im Breisgau 1987

Karl Bloßfeldt, Photographien, hrsg. v. Anne und Jürgen Wilde, Schirmer-Mosel, München 1991

Erika Dühnfort/Ernst Michael Kranich, Der Anfangsunterricht im Schreiben und Lesen, Verlag Freies Geistesleben, Stuttgart 1991

Sibylle Hirth (unter Mitarbeit von Wolfgang K. Schulz), Musisch-Ästhetische Erziehung in der Grundschule: „Sandspiele", Deutsches Institut für Fernstudien an der Universität Tübingen

Dora M. Kalff, Sandspieltherapie, Eugen Rentsch Verlag, Erlenbach-Zürich 1979

Ernst M. Kranich/Margrit Jünemann/Hildegard Berthold-Andrae/Ernst Bühler/Ernst Schuberth, Formenzeichnen, Verlag Freies Geistesleben, Stuttgart 1985

Wolfgang Löscher, Sand und Wasser, Don Bosco Verlag, München 1984 (vergriffen)

Ingrid Riedel, Formen, Kreuz Verlag, Zürich 1985

Marielle Seitz/Ursula Hallwachs, Montessori oder Waldorf?, Kösel Verlag, München 1996

Marielle Seitz, Urformen – Quellen der Phantasie, Don Bosco Verlag, München 1997

Marielle und Rudolf Seitz, Rot, Gelb, Blau und alle Farben, Don Bosco Verlag, München 1998

Rudolf Seitz, Phantasie und Kreativität, Don Bosco Verlag, München 1998